JN055267

The principles of the golf swing

ゴルフスイングの原理原則

森 守洋

主婦の友社

はじめに

　コーチ業をはじめて20数年、今日まで、私なりにゴルフスイングについて述べる場をいただいてきました。また、それをきっかけに、プロ、アマチュアを問わずたくさんのゴルファーの方々と交流する機会をもつことができました。ゴルフサイエンスの著しい進歩のおかげで、日々新しい知識も吸収し続けています。

　そこで、この機会にいろいろな形で発表してきたゴルフスイングについての私の考えをまとめてみてはどうか、とのお声がけをいただきました。

　クラブやボール、ゴルファーの進化は止まることを知りませんが、スイングの根幹に関わる部分は今も昔も変わらない、というのが私の持論です。

　ならば、確かにその部分だけでも今できる範囲で整理してもいいかもしれない。そんな思いから本書の出版に至った次第です。

　本書の内容の多くは、ゴルフクラブとその動き方を掘り下げたものです。なぜそうなるのかというと、ゴルフが、"クラブが主で体は従"のスポーツだからです。

　ゴルフが上手い人とそうでない人の大きな違いがどこにあるかといえば、ゴルフクラブのことやその動き方を考えているかどうかにあります。体が思い通りに動いたとしても、道具であるクラブが機能しないことにはイメージ通りのボールは打てないし、狙ったところにボールを運べません。ボールを打つのはクラブだからです。

　その視点に立つと、ゴルフスイングを分析することは、必然的にクラブの動きを追究することになる。そこにスイングの原理原則があるのです。

　その発想に基づき、本書は7つの章で構成しました。序章では本来、ゴルフスイングに対する私の考え方のアウトラインをお話しするべきかもしれませんが、ちょっと回りくどい気がしました。そこで、はじめからで恐縮ですが、私がみなさんに伝えたい核心部分を先立って紹介することにしました。

　仮にみなさんが上手くスイングできずに長年悩んでいるとしたら、まず手をつけるべきは、これまでやってきたことで図らずも滞留してしまった余計な思考を取っ払い、頭の中をまっさらにすることです。

　序章は丸々そのためにあてたいと思います。ちょっと長くなるかもしれませんが、知っておいていただかないとスイングできない、といっても過言ではない最重要事項を列記しましたので、どうかここだけは読んでください。

第1章以降は序章の内容を受けて、世のゴルファーが自分にベストフィットのスイングを手にするために必要なことを、大切な順に紹介していきます。

　前述の通り私は、"ゴルフクラブが主役"という立ち位置ですので、それを前提とした優先順位で説明していきますが、正直なところ第3章以降については補足くらいに考えています。内容の半分以上が補足なんておかしな本かもしれませんが、ここで述べていることは、クラブを主役に立てたことによって生まれる結果でしかありません。したがって自分のスイングがそうなっているかチェックするために使っていただく、あるいは読み物として楽しんでいただいたほうがいいと思います。

　何やら難しく聞こえるかもしれませんが、要は
「ゴルフスイングというのは、日常的に我々が行っている動作にすぎません。子供が棒を振るようにクラブを振りましょう」ということです。
　全編を通じて私が伝えたいのはこの一点のみです。

　ですから、間違っても、第3章以降の章だけを参考にして、"スイングの形"を作ろうとしないでください。なぜなら、多くのアベレージゴルファーは、すでにそうやって回り道をしているからです。

　私の仕事は、新しいスイング理論を築いたり、新打法をみなさんにお届けすることではありません。スイングの真理＝原理原則を伝え、いろいろなものを背負い込んでしまったゴルファーに本来あるべき姿に戻っていただく。また、これからゴルフをはじめる方には、回り道することなく上達していただく手助けをすることです。その前提で本書を活用していただければ幸いです。

森 守洋

第2章
クラブを扱う要諦「重心コントロール」
ゴルフクラブの運動原理とスイングの原則

第3章
振り子とゴルフスイング❶
"手の偏差値"を上げる
手の中に支点があるクラブの振り子運動

第4章
振り子とゴルフスイング❷
腕振り子の構築
上手い人はちゃんと振り、下手な人はちゃんと当てようとする

第5章
ハンドファーストが正しい理由
二つの振り子の融合

第6章
ゴルフクラブが導く全身運動
スイングにおける正しいボディアクション

第7章
実戦のスイング
ラウンドでもクラブが最優先

QRコード動画解説

本文中に16タイトルの動画がついています。
スマートフォンやタブレットで読み取ってご覧ください。

（注）●別途通信料がかかりますので、通信料がかからないWi-Fi環境でのご視聴をおすすめします。
　　　●動画を見る機種、ソフト、アプリによって操作方法等が異なる場合があります。
　　　　操作方法等のご質問には対応できないことをご了承ください。
　　　＊QRコードは㈱デンソーウェーブの登録商標です。

序章

Prologue

ゴルフスイングは
トンカチで
釘を打つようなもの

ゴルフスイングの真実

体の動かし方だけ気にしても正しいスイングはできない

　プロゴルファーのレッスンを受けたことがある方はもちろん、YouTubeやゴルフ雑誌、レッスン書などを参考にスイング作りをしている人はみんな体験していると思いますが、とかくレッスンでは、「肩を回す」「腰を切る」「下半身主導」といったように、体の動かし方を教えられます。

　その過程では教わったスイングを動画撮影し、自分のスイングとプロのスイングを見比べたりすることでしょう。でも、当然ながらプロとは明らかに体の動き方が違います。そのため、レッスンの場でも練習するときも、見た目と違う体の動きを変えようとします。これもまた当然のことです。

　でも、いかがでしょう？　いくらプロと同じように動こうと真似しても、変わらない方が多いのではないでしょうか？　レッスンでスイングの各ポジションを体に覚え込ませるように練習してもそのようにはならない。「一体なぜなんだ！」と苛立ったり、「自分にはセンスがないのか」と落ち込んでしまう人もおられると思います。

　もちろんそれで順調に上達しているなら問題はありません。でも、決してそうではなく、キャリアを積んでも上積みがない方が大変多い。おまけにそんな傾向はいまだに続いていて、相変わらずアベレージゴルファーは体の動かし方ばかり気にしています。

上手くなれない人はゴルフクラブを扱うコツを知らない

　上手い人が何をやっているかといえば、ゴルフクラブを正しく使っています。意識しているかいないかは別として、ゴルフクラブという道具の取り扱い方を心得ており、その前提に立ってボールを打っています。

　プロにとってゴルフクラブを扱うことは容易いことで、おそらく容易いという意識さえありません。というのも、多くのプロは子どもの頃からゴルフクラブでゴルフボールを打っていますし、そうでなくても野球や他のスポーツでモノをブンブン振ったり、振ったモノでボールを打ったりしてきているからです。

　子どもの頃の彼らにとって、ゴルフクラブやバットは力まかせでは振り回せないほど重いモノですが、道具だけにコツをつかめば振れるようになります。プロや上級者は例外なくそのコツを身につけているというわけです。

　これに対し、**体の動かし方を教えられ、その通りやっているのにいつまで経っても上手く当たらない人は、ゴルフクラブという道具を扱うのに不可欠なコツを知りません。**

とりわけ大人になってからゴルフをはじめた方は、往々にしてこの大前提が抜け落ちています。それにもかかわらず、いきなりグリップの仕方や体の動かし方をいわれてしまうため、ヨーイドン！ でつまずいて先に進めない。手順を踏んだ指導がなされていないのですから当然といえば当然です。

ですからプロがレッスンでやっていることや、体の動かし方についての発言内容は、当然ですがウソではありません。自然にゴルフクラブの扱い方を身につけ、それを学習した感覚が少ないので、前置きなしに体の動かし方の話になってしまうだけで、ゴルフクラブの使い方がわかっている人には大いにメリットのあるアドバイスになります。たとえばテークバックやトップのポジショニングは、ゴルフクラブの扱い方をわきまえている人にはそれなりに有効。つまり指導がハマった人はどんどん上手くなり、ハマらない人は一層迷ってしまうのです。

大人になってからゴルフをはじめる人にとっては、最初に体の動きを習ってしまうことがそもそもの間違いです。**まず覚えるべきはゴルフクラブの扱い方で、いわばこれがスイングの核になります。**上達しないとお嘆きのみなさんに、私がいの一番に伝えたいことがこれです。

ゴルファーがまず身につけるべきはゴルフクラブの扱い方
大人になってゴルフをはじめる人は、いきなりスイングを習ってはいけません。まず覚えるべきはゴルフクラブの扱い方。私のスタジオではこの順でレッスンを始めます。

トンカチで釘を打てる人ならスイングはできる

　とはいえ、ゴルフクラブの扱い方はゼロから学ぶようなことではなく、あらためて学ぶ必要さえない。己の体の中から呼び起こせばいいものだと私は考えています。

　運動経験がなくても、レッスン書を読んだことがなくても、体の動かし方を知らなくても、棒きれで石ころをコツンと叩くことは誰でもできます。人間は道具を使える生き物だからです。そして人間の能力を有効に利用するよう作られているのが道具です。

　ゴルフクラブもそうで、そもそもは誰もが使える道具です。ただ、優れた道具を上手く扱うには、ある程度コツをつかむ必要があります。

　使い古された例で恐縮ですが、一番わかりやすいのであえて引用しますが、**ゴルフクラブを扱うことは、トンカチで釘を打つのと何ら変わりません。**

**トンカチを使う準備と使い方は
ゴルフクラブのそれと同じ**

軽く持ち、手首を柔らかく使って頭の部分の重さを利用する感じで上下させます。この準備と使い方はゴルフクラブでも同じです。私が「トンカチで釘を打てる人なら、クラブを正しく使ってスイングできる」と考える所以です

　ほとんどの人はトンカチで釘を打つことができます。その場合、トンカチをギュッとキツく握り締めて手首が曲がらないようにする人は少ないでしょう。また、肩から先の腕全体を大きく動かして打つ人もいません。大方、トンカチを落とさない程度の強さで握り、手首を柔らかく曲げ伸ばし、頭の部分の重さを利用する感じで上下させます。それがトンカチをもっとも効率的に使えるからです。

　トンカチの使い方はゴルフクラブの使い方とまったく一緒です。いいかえればトンカチで釘を打てる人ならクラブを正しく使ってスイングできる＝ゴルフができるということになります。

　スイングを習うという名目ではじめに体の動き方を教えられてしまうと、道具としてのゴルフクラブを扱ううえでのコツがつかめず、スイングにとってマイナス要素が多くなってしまうのです。

■動画で解説

クラブを扱うのに必要な動きは、誰にでも備わっている

　ここでちょっと考えてみてください。トンカチで釘を打つアクションを手とり足とり仔細に教わっている人がいるでしょうか？　「トンカチの頭をどこに上げる」とか、「ヒジを固定する」とか、「ワキをキュッと閉める」などと考える人がいますか？　もしいたとしたら、そんな人にとってトンカチは便利な道具ではないでしょう。

　私はゴルフクラブが使えていない人のレッスンでは、この類の話しかしません。すなわち**トンカチを振り上げるようにクラブを振り上げ、トンカチを振り下ろすようにクラブを振り下ろす**、と伝えます。「スイングレッスンを受けに来たのに、このオッサンは何をいっているんだろう？」とポカンとされる方もおられますが、本当なのだから仕方がありません。

　その証拠に、最初は疑心暗鬼の方でも、その意味を汲みとり自分のスイングに反映させることができると、これまでのスイングが一変します。そうなっただけで、もうレッスンに来なくなる人もいますが、それこそ我が意を得たり！　ゴルフスイングとは本来そういうものだからです。

　トンカチのたとえがわかりにくければ、棒でモノを叩く、あるいは釣りでキャスティングするイメージをもってもらいます。

　棒でモノを叩いたり、釣りでキャスティングする場合、棒も釣竿も手首を柔らかくして手と腕を曲げ伸ばして振ります。やったことがない人でもコツをつかめばすぐにできます。

　この場合、上からオーバースロー的な感じで手を振り出しますが、**ゴルフクラブを扱う際には下から、つまりアンダースロー的な動きになります。誰もができるオーバースローをアンダースローにするだけでスイングになるのです。**

　これができない人は、ゴルフクラブを牛耳るイメージをもっていたり、力でクラブを押さえ込んでいるので、私はまずそれをやめていただきます。トンカチ同様、これとてレッスンでも何でもなく、ゴルフクラブの取り扱い説明にしかすぎません。でも、それだけでたくさんのアベレージゴルファーの方々の動きが、自然なスイングへと変わります。

　ちょっと突っ込んだ話になりましたが、私がここでもうひとつ伝えたいのは、**クラブを正しく扱うのに必要な動きは人間の本能によるもので、すべてのゴルファーがもっているということ。**私たち指導者が多くのアベレージゴルファーに行うべきは、本能を覚醒させ、かつ利用できるよう導くこと。その作業のほとんどは、本来誰にでも備わっている動きを導き出すことです。

ボールを投げるときは、ボールを軽く握り手首を柔らかく使って腕を振ります。釣りでキャスティングするときも同様。釣竿をキツく握らず、手首を柔らかく使って正面方向に振り出します

■**動画で解説**

スイングはアンダースローの動き

ボール投げもキャスティングも上から手を振り出す、いわゆるオーバースローですが、スイングでは下にあるボールを打つのでアンダースローの動きになります。下に向かってボールを投げたりキャスティングする動きがスイング。コツをつかめば誰でもできる動きです

ゴルフスイングのベースにあるのは手首と腕の曲げ伸ばし

ここで一旦ご自分に問いかけてみてください。

「自分はゴルフスイングを難しく考えていないか？」と。

難しく考えているつもりはなくても、ゴルフ雑誌のレッスン企画やレッスン書をよく読んでいたり、頭にいくつかのスイング理論といわれるものが浮かんだらイエローカード。すでに難しく考えている疑いがあります。

ゴルフクラブを振ってボールを打つのは誰が考えてもシンプルな行為ですが、そのやり方については、いろいろな人がいろいろなことをいい、さまざまな方法を提示しています。そのどれもが正しい方向に導いてくれるとしても、いろいろなやり方や理論でお腹がいっぱいになっていれば難しく感じてしまうもの。いつの間にか「スイングは特別な運動」と思っても無理はありません。

でもそれは大きな間違い。繰り返しますがゴルフスイングは日常的にやっていることや他のスポーツでやっていることと変わらないシンプルな動きです。

たとえば近くにボールを投げるときには、ボールを持ち、ヒジを曲げ、手首を曲げたあとに、それらを伸ばしながらボールを放ります。誰もが腕と手首の曲げ伸ばしだけでボールを投げられます。もっと遠くに投げたければ腕をつけ根から動かし、本格的な遠

やりたいことをやれば
動く部分が増えていく

近くに投げるときはヒジを曲げ、手首を曲げ、それらを伸ばしながらボールを放ります。遠くに投げるには腕をつけ根から動かし遠投ともなれば全身運動に。ゴルフスイングも振り幅が大きくなると最後は自然に全身運動になります

投をする場合には足も含めた全身運動になります。

　ゴルフスイングも同じで振り幅が大きくなるに従って、「手→腕→胸→腰→足」というように動く部分が増え、最後は意図しなくても全身運動になります。

　ただ、それはあくまでも、やりたいことをやった結果。**ベースにあるのは近くにボールを投げる動き。すなわち手首と腕の曲げ伸ばしです。**

　こういうと、「じゃあ、手と腕の使い方を教えて！」となるかもしれません。実際、一生懸命スイング作りに取り組んでこられた人ほどこうなりがちです。

　でも、ちょっと待ってください。ボールを投げるときに「ここで手首を折って、このタイミングでヒジをこう曲げて、伸ばして……」などと考えながら動きますか？　誰もそんなことはしないし、人に教えるにしてもそんな説明はほとんど意味をなしません。投げ方を知らなくても、見よう見まねで要領さえつかめばすぐにできる。いわばみんなに備わっている本能的な動きなので呼び覚ますだけでいいのです。

　それでもなかなかボールを投げるようにスイングできないのは、一にも二にもゴルフクラブという道具が介在するから、という考え方がありますが、実はそこにも大きな誤解があります。**ゴルフクラブという道具があるから難しいのではなく、それがあるからこそボール投げと同じ動き。**そればかりか大した力を使わなくても、数あるスポーツの中でもっとも遠くにボールを運ぶことができるのです。

ポイントは "犬の散歩"。手を使うとスイングはガラッと変わる

　ゴルフクラブを使うコツをつかむには、まずは**手を使って振ること**です。

　クラブは手を使わないと働いてくれません。いわゆる "手打ち" ですが、これは日本ではもっぱらスイングにおけるネガティブワードとされています。でも、言葉に惑わされてはいけません。所詮は人が発する感覚表現で、グリップを押さえ込んでクラブが動かなくなっている人にとっては、プラスに作用するキーワードになります。実際アベレージゴルファーの方に、「もっと手を使ってください」というとスイングがガラッと変わります。

　手が使えないのは、おおむねグリップに問題があります。といっても握り方ではありません。握り方なんてどうでもいい。誰もやっていない変テコなグリップでもいいです。ゆるゆるグリップがいいといわれますが、別にガチガチでも構いません。

　大事なのはゴルフクラブを押さえ込んでしまっているかいないかで、押さえ込んでいたらアウト。強く握ると押さえ込む気がするかもしれませんが、それはあくまでプレー

犬の散歩

ゴルフクラブの動きを押さえ込んではいけない
クラブを押さえ込んでいるかどうかがわかる、"犬の散歩"。クラブヘッドを接地させて引きずります。適切な強さでクラブを持っているとヘッド（犬）の存在を感じて引き続けられますが、クラブを押さえ

ヤー個人の問題。クラブの動きを阻害しなければ、どれだけ強く握ろうがその人の感覚でOKです。

大事なポイントなので先に申し上げますが、**クラブを押さえ込んでいるかいないかは、クラブヘッドを接地させてクラブをズルズル引きずれるかどうかでわかります**（写真参照）。

私はこれを"**犬の散歩**"と呼んでいます。クラブヘッドをワンちゃん、シャフトやグリップをリード（引き綱）に見立て、引っぱって散歩させているイメージで引きずるのです。適度な圧でクラブを持っていると"犬"（クラブヘッド）の存在を感じて引き続けられます。こうなっていればクラブは押さえ込まれていません。押さえ込んでいたらズルズル引きずれませんから。

詳細は本編で述べますが、スイング中、ゴルフクラブは"**引いて引く**"ことがとても大事な使用条件です。その意味においても"犬の散歩"は、スイングを習得するうえで重要なイメージでありキーワードでもあるので、とりあえず頭の中に入れておいてください。

■動画で解説

＼込んでいると引きずれません。犬と散歩している状態を保てるのが、クラブの動きを邪魔しない握り加減。ゴルフクラブを正しく扱うポイントです

ゴルフスイングは振り子運動で考えるとわかりやすい

スイングは振り子運動で考えると理解しやすくなります。

グリップエンドを指でつまんでクラブをブラブラさせると、クラブヘッドが振り子のように周期的に動きます。そこに体の動きをくっつけたのがスイングというわけです。

ゴルフクラブを押さえ込むように握ると振り子のようには動きませんが、前述した"犬の散歩"の感じで握れば動きます（ほとんどの人は両手で握った途端にクラブを押さえ込んでしまいます。それが大問題なのですが、これについては後述します）。

ただ、振り子のように狭い範囲を動くだけでは、ボールに当たっても飛びません。そのために大きな円弧を描くわけですが、**振り子のイメージでスイングできるとクラブの周期が崩れませんし、クラブによって体が動かされる状態になる**ので、まずはそれを体感していただくことが大切です。

ゴルフクラブの周期が大きくなっていくのに比例してクラブスピードはアップします

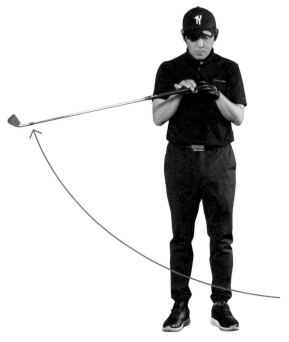

ゴルフクラブは振り子のように動くプロセスがある
スイングではクラブが振り子のように動くプロセスがあるため、振り子運動をイメージすると理解しやすくなります

が、これはブランコの加速に似ています。乗っているブランコのスピードを上げるには、後方に上昇して最高点に達する寸前にヒザを曲げ、曲げたヒザを伸ばしながら加速して最下点に向かいます。

　スイングではクラブを引っぱることで加速させます。トップはオートマチックにできます。

　純粋な振り子運動だけで生まれるエネルギーは、クラブヘッドが重力によって落ちてくることで生じる位置エネルギーのみです。前述したように、そこにクラブを引く動きを入れないと加速しませんが、振り子運動から入っていくことでその先に行きやすくなるというわけです。

　また、私がスイングでもっとも大切なものと考えている、手の感覚と使い方を伝える場合にも振り子が役立ちます。とはいえ、常に振り子を意識してスイングする必要はありません。振り子運動自体、ゴルフクラブを持った人間の本能が引き出すものですから、意識しすぎるとおかしくなってしまうのです。

■動画で解説

ブランコでは、後方の最高点に達する直前に曲げたヒザを伸ばして加速します。スイングでは、最高点からゴルフクラブを引くことによって加速します

やることはシンプル。右回りに棒をビュンビュン振るだけ

　スイングとは、ゴルフクラブを右回りに回す運動といえます。

　先端に五円玉を結びつけたヒモをグルグル回すことを想像してみてください。誰でも五円玉を回し続けることができますが、これは本能的に五円玉が向かう方向とは逆方向に、連続的にヒモを引っぱり続けているからできることです。

　スイングのメインとなるのはクラブの周期です。周期が小さければ振り子のように、大きくなれば右回りにグルグル回る。これこそがスイングの原動力であり本質で、手を使わないことには成立しないのです（右回りについては本編で詳述します）。

　繰り返しますが、振り子運動のみでボールを打ったところで飛びません。ふとん叩きでふとんをパンパン叩くように、あるいはクラブでインパクトバッグを引っ叩くようにボールを打つのがゴルフスイング。やることは極めてシンプルで、棒でボールを引っ叩くだけ。読んで字のごとく、**"引っぱって叩きつける"** のです。

　なので、まず思い出すべきは **"棒振り"**。何も考えず、文字通り棒をビュンビュン振ることです。もはや死語に近いかもしれませんが、私はチャンバラ遊びでおもちゃの刀を振り回すくらい自由に振っていただいていいと思っています。チャンバラ遊びでは侍を真似ておもちゃの刀を振り回します。軽いので縦横斜めにビュンビュン振れます。ゴルフクラブを振るときも、あの感覚でいいのです。

　ゴルフクラブがビュンビュン振れないのは先端部にヘッドがあり、フェースという面がついているため。**ボールに上手く当てようとするほど面を合わせたくなりますが、これがクラブを使うコツをつかめなくする大きな原因です。**最終的にインパクトではフェースをスクエアに合わせたいですが、それは棒振りができてからやればいいことで、まずはビュンビュン振ることが大事です。

　昔も今もゴルフクラブの構造は変わっていませんが、道具としては大きく進化しています。その扱い方を心得ている人はクラブが簡単になったことを実感していて、たくさんの恩恵を受けています。クラブに対する意識が高い人ほど、楽になるわけです。

　これに対し、体に意識がある人は上手く対応できません。自分に対する意識が強いほどゴルフクラブに対応しきれないからです。

　トップアマになっているプレーヤーの多くがスイングレッスンを受けてないというデータがあるのは、ゴルフクラブを上手く使えてその恩恵を受けているから。私が思うに、スイングに対してとてもピュアで、400年前からやっている通りのことをやっています。**これはゴルフクラブがどんなに進化しようと使い方が変わるわけではなく、使い**

方を知らなければ正しく振れないことを如実に物語っています。

■動画で解説

五円玉を結びつけたヒモをグ
ルグル回すときは、五円玉が向
かうのとは逆方向に連続的に
ヒモを引っぱり続けています

引っぱり続けることでクラブは周期的に動く

スイングのメインとなるのはクラブの周期で、周期が短ければ振り子のように、長くなると五円玉のよ
うに回ります。ゴルフスイングの原動力はこれ。手を使って引っぱらないとできない動きです

手を使ってゴルフクラブを振り、ボールを引っ叩く！

　スイングは作り上げるものではありません。では、何をもってスイングを習得できているかを判断するかといえば、ボールに対してフェース面を当てにいっているかどうか。**当てにいっていたらスイングは習得できず、当てにいかなければ習得に向かって邁進できます。**

　そこで必要なのはスイング理論ではなく、**"棒振り"**。単純に手を使ってゴルフクラブを振り、ボールを引っ叩くことです。手首や腕を曲げ伸ばしするのは強く引っ叩きたいから。もっと強く引っ叩くには速く振らなければいけないので、腕やクラブシャフトをムチのようにしならせて使います。

　これは右手一本でやるとよくわかります。私のスタジオではインパクトバッグを引っ叩いてもらいますが、こうすると、どこにクラブを引くか、どのタイミングでどの方向に手首をコックするか、などと考えていたら強く引っ叩けないことがわかります。逆にいうと、強く引っ叩くにはどうすればいいかがわかります。

　すなわち、**手首や腕を曲げ伸ばしして強く叩ける方向にクラブが動けばいい。**また、その方向やタイミングは人それぞれであることもわかります。さらにその延長でより速く振り、強く引っ叩こうとすると胸を中心とした上半身が稼働しはじめ、最終的には下半身を含めた体全体を使って振るようにもなります。

　ゴルフクラブの運動量が大きくなるのに比例して体の動きも大きくなるのは、そうしないとバランスがとれないからです。ですから、最初から「体で打つ」などと考えるとおかしくなります。下半身から動かして振り遅れるのはその典型。ちゃんと棒振りができれば体の動きと調和がとれます。

ちゃんと"棒振り"ができていればアーリーリリースしない

　棒振りはスイングの習得に向けて最初にやるべきことであり、やり続けなければいけないことですが、ほとんどの人はちゃんとボールに当てたい気持ちが強いので棒振りができていません。

　その判断基準のひとつになるのが**アーリーリリース（ダウンスイングで早く手首が解ける）の有無。**ダウンスイングで手首の角度が解けているかいないかです。

　ボールに対して切り返しからフェース面を当てにいくとアーリーリリースになりやすくなります。これはゴルフクラブでなく、何の変哲もない棒を振れば一目瞭然。ただの

棒を振った場合、ほとんどの人はアーリーリリースしません。また、右手一本でゴルフクラブを振ったり、普通に素振りをした場合もアーリーリリースの発生率は下がります。

　目の前にぶら下がったボールを棒の先端で打とうとする場合に、手首を伸ばして当てにいくでしょうか？ ほとんどの人は手首を折ったまま振り、最後でビュン！ と棒を振るはずです。そのほうが点と点を衝突させやすいからです。

　ゴルフクラブでボールを打つときも同じなのですが、フェース面がついてそれをボールに当てにいこうとした途端、一転してアーリーリリースになります。棒を振るようにクラブを振れているなら、ラウンドで120打とうが130打とうがスイングの基本はできています。

　スイングは、“棒振り”と“面合わせ（フェース面をコントロールする行為）”によってできています。フェースという面があるばかりに当てにいく動作を誘発するわけで、この2つを分けて考え、まず棒振りを呼び覚ますことで効率よくスイングを身につけることができます。いずれにしても勝負はゴルフクラブがスムーズに動くかで、そこに人間の思考が介入する余地はありません。

■動画で解説

ボールに当てにいくほどゴルフスイングは本質から離れていく

面を合わせるとは、ボールにフェース面を当てることですが、当てにいってしまうと正しいスイングは習得できません。当てにいくと必ずアーリーリリースになり、ゴルフクラブの特性を生かせないからです。棒を振ったときにアーリーリリースする人はほぼいません

プロゴルファーはスイングを身につけるのに苦労していない

　ゴルフスイングは多くの時間を費やして習得するものではありません。たくさんレッスンを受ければいいスイングになる、というものでもない。モノを振るのは難しいことではなく、ゴルフスイングもみなさんが考えるよりはるかにシンプルであることを常に忘れないでいてください。

　そもそもスイングは目標にボールを運ぶ手段でしかありません。ボールを運ぶのはクラブなので、それを支配しようとする気持ちはわからないでもないのですが、そうなると主役はプレーヤーになります。厳密にいえばプレーヤーの"肉体"なので、どう動けばいいのかばかり考えるようになってしまいます。

　みなさんが憧れる素晴らしいスイングの持ち主であるプロゴルファーは、いまのスイングを身につけるのに苦労していません。その証拠に、タイガー・ウッズをはじめとするアメリカＰＧＡツアーで戦う世界レベルのプレーヤーのスイングは、子どもの頃とほぼ変わっていません。

　これはスイングが子どもでもできる動作であるあかしです。見方を変えれば、お箸やスプーンを使うような、誰がやっても大差のない運動だといえます。事実、私のスタジ

スイングはボールを運ぶ手段。クラブを支配すると手段が使えない
ゴルフクラブを支配すると主役はプレーヤーになり、どう動けばいいのかばかり追求するようになっていきます。主役がプレーヤーでもボールを打てないことはありませんがクラブは置き去りになります。↗

オに来ていただいているアベレージゴルファーの方に、細かいことは考えずボールを打つつもりでインパクトバッグを思いきり引っ叩いていただくと、すぐにみなさんプロさながらのスイングになります。

多くの役割をクラブに委ねることでスイングは決まる

　プロはみな、クラブシャフトをしならせてパワフルにボールを叩きますが、実はアベレージゴルファーの方でも腕達者なゴルファーの動きはみんな同じです。世代も、体型も、年齢も、性別も、パワーも違うのに、みんな同じようにボールを打てるのは絶対的な共通項があるから。すなわちゴルフクラブという道具を使えているからです。

　スイングがゴルフクラブをコントロールする行為であることに違いはありません。しかし、ゴルフクラブは、プレーヤーが支配下に置くにはちょっとばかりやっかいな存在でもあります。ならば道具としてのクラブの動きに着目し、それをフィードバックするほうがはるかに合理的。多くの役割をクラブに委ねることで、スイング、ひいてはゴルフに欠かせないたくさんのものが獲得できる。**ゴルフクラブという道具の運動原理からスイングの原則を導き出すことこそがスイング習得の王道なのです。**

＼プロが調子を落とす場合、多くはこうなっているから。自分のことばかり考えてクラブの動きを考えていない。クラブを支配することでスイングが必要以上にやっかいなものになってしまうのです

第1章

Lesson 1

ゴルフクラブの正体

ゴルフクラブとスイングの
超密接な関係

ゴルフクラブの原型はステッキだった⁉

　ゴルフのルーツについては諸説ありますが、落ち枝などで石ころを打ったことに端を発したであろうことは容易に想像できます。

　そのうちに、ただ打つだけではつまらなくなって自分で決めた的に当てたり、さらにはターゲットを遠くにする、穴に入れる、などと変化して原型ができたのでしょう。

　その過程では道具も変わっていったはずです。枝は専用の棒が取って代わり、細い棒、太い棒、長い棒、短い棒など、ゆっくりと試行錯誤がなされた。石ころのほうも、さらに飛びやすいもの、自分でこしらえた専用のもの、などと代わっていったと考えられます。

　打ち方はといえば、ターゲットが近ければ棒と腕、あるいは体までを一体化させ、棒の先端を地面と平行に動かして打ったかもしれません。

　ただ、千年以上前から今日に至るまで、人体の構造は変わっていないと思われるので、遠くに飛ばすには手を使い、棒の先端を「シュッ！」と走らせたほうが当たりやすく、なおかつ飛ぶことに気づいていたはずです。

　話は変わりますが、傘を手にしていたときに人目がないところで、逆さに持ってゴルフスイングの真似をしたことがありませんか？

　棒状のものを持つと、ついつい振ってしまうのは熱きゴルファーの性。逆さにした傘はクラブのイメージに重なるのでなおさらです。私も振ったことがありますが、これこそがまさに「棒振り」です。

　「それでは！」とばかりに"100均"に走り、クラブヘッドに似て非なる形状の取手がついたステッキを買って振ってみたところ本当にいい！　「いい」というのは、棒振りを呼び起こしやすいのでいい道具ということです。それ以来、私のレッスンスタジオの片隅には100均のステッキが練習器具として待機しています。

　話を戻しましょう。

　おそらく数百年前にも、私のように取手のようなものがついた杖を逆さに持ち、石ころを打ってみた人がいたと察します。

　やってみたら真っすぐな棒よりはるかに当たりやすい。ちゃんと当たれば遠くにも飛ぶし、至近距離からなら目標に当てたり、穴にも入れやすい……。

　こうして逆さに持った杖のような形状の棒が定着し、ゴルフクラブの原型になったのではないか。自分の"ステッキ体験"も手伝って、勝手ながらこうゴルフクラブの縁起を推測しています。

傘やステッキでゴルフクラブを振る感覚を味わえる

ステッキの中には、取手の部分がゴルフクラブの形状に似たものがあります。
これを逆さに持って振ると、ゴルフクラブを振るのと同じ感覚が得られます

右手で振る

ゴルフはクラブに対する依存度がすこぶる高いスポーツ

　人間は道具を使う生き物です。包丁で食材を刻む、歯ブラシで歯を磨く、ハサミでモノを裁断するなど、常日頃からさまざまな道具を手にし、それぞれに適した方法で使いこなしています。

　ゴルフでもクラブという道具を使いますが、これは他の道具に比べると使い手に及ぼす影響がはるかに大きいといえます。棒で小さなものを打ち、なるべく遠くに運びたい。とはいえ肉体の力や可動範囲は限られていますから、欲求を満たすには道具にかなりの部分を依存しなければなりません。そのぶん、使いこなすにはコツが必要になります。

　スコットランド・セントアンドリュースにあるＲ＆Ａ博物館には、これまでに生み出された数々のクラブが陳列されています。真っすぐの棒が逆さまの杖のようになり、さらに当たりやすいように打面を広げる、球が上がるよう打面に角度をつけるなど、改良が進んだ様子をつぶさに観察できます。長尺クラブにホッケーのスティックのような大型のクラブさえあったほどです。

　これはいにしえのゴルファーが、上手く打てずに苦悩していたあかし。500年以上の年月をかけて工夫され続け、新しいものが生まれては消えることを繰り返してきた事実も、道具への依存度の大きさを裏付けているといえるでしょう。

　にもかかわらず、クラブの原型が完成されたと思しき400年ほど前からは、クラブ自体の構造は変わっていません。テクノロジーが注ぎ込まれて性能は目を見はるほどアップしましたが、物体として大きく変わった点は素材と重量くらい。今も昔も、ゴルフクラブは先端が曲がったＬ字型の棒なのです。

　野球のバットやテニス、卓球のラケットに比べてボールが打ちづらいのは構造自体を変えるまでに至っていないからですが、逆にいうと**ゴルフクラブは、この数百年で人類が考えてきた中でもっとも効率よく遠くにボールを運べる道具**ということになります。

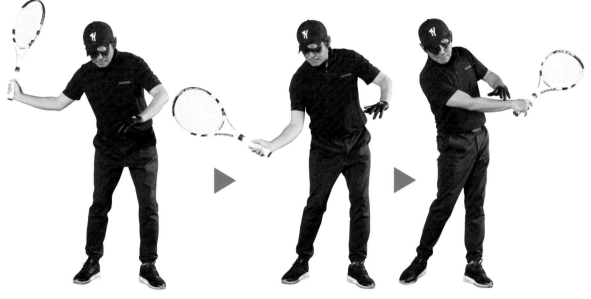

ゴルフクラブは特別な道具なのか？

野球のバットやテニスラケットの使い方は一目瞭然です。本来はゴルフクラブもそれでいいのですが、他の道具とは違った見た目ゆえ難しく考えてしまいがちです

クラブの存在抜きに正しいスイングの習得はありえない

　プロゴルファーは、ゴルフを学ぶ過程でさまざまな技術を身につけ、経験を積んでいますが、**真っ先に習得したのはクラブの使い方**です。クラブ使いの達人にならないことには先に進めないからです。

　とはいえ、特別なことをやったわけではありません。あえていうなら、みなさんが普段から包丁や歯ブラシを使っているように（そこまで頻繁ではないかもしれませんが）、クラブをちょくちょく使う。練習して自転車に乗れるようになった人が、毎日乗って上手く操縦できるようになるのと同じで、クラブという道具を使うことに慣れていったのです。このような手続きを踏めば、誰でも、もれなくクラブを正しく扱えるようになります。

　しかし、みなさんにとってゴルフクラブは毎日のように使うものではありませんし、はじめてお目にかかる道具だったりもします。

　そうなるとなかなか自然には身につきませんので、**クラブの取り扱い方を知識として知っておく必要があります**。大人になってからゴルフをはじめるのならなおさらです。

　ゴルフレッスンではもっぱらスイングの習得からスタートしますが、**道具を使う以上、その存在を抜きにして正しいスイングの習得はありえません**。

　スイングをパーツごとに分けて形を体に叩き込むのもいいでしょう、体の仕組みにのっとって動作を構築するのもアリかもしれません。しかし、いずれにしてもゴルフクラブ抜きでスイングを考えてはいけません。

　キャリアは長いけれどなかなか上達できない、という方は、これまで歩んできた道のりを振り返ってみてください。ボールを打つ過程でゴルフクラブについて真剣に考えたことがあったでしょうか？　おそらくはほとんどなく、体やその動かし方ばかり考えてきたと思います。ミスをクラブのせいにしたこともあったでしょう。実はそれが今日に至っている大きな原因なのです。

　少し乱暴ないい方ですが、アドレス、グリップ、トップポジションなどは、スイングを習得するにあたってはどうでもいいこと。そこに一生懸命取り組んでいるゴルファーが多い現状を見ているととても歯痒い思いがします。

　なぜなら、これらはみな結果的によくなるものだから。アメリカPGAツアーの選手たちは、ものすごい努力によってゴルフ力を極限まで高めていますが、血の滲むような思いでスイングの形づくりをしてきたわけではないのです。

アマチュアの多くは野球のバントのようにクラブを使っている

ゴルフクラブの使い方はとても難しく感じるかもしれませんが、決してそんなことはありません。極端にいえば、真っすぐの棒を振るのと同じように動けばいい。なぜなら、そうすれば仕事をする、つまりボールを運んでくれるようにできているからです。そうでなければ、子どもはクラブを扱えません。

なぜ真っすぐの棒を振るように扱えないかといえば、ちょっとした勘違いが原因で間違った使い方をしているから。ゴルフクラブについて知っておく必要があるのは、ひとえにそれを正すためです。

クラブの先端にはヘッドがついています。ヘッドはクラブのうちでもっとも重い部分。前述したように、クラブは「先が重くて曲がった細い棒」で、ここが野球のバットやテニス、卓球のラケットと違うところです。

バットやラケットにボールを当てるのは比較的容易です。ゴルフのように止まっているボールを打つなら、2〜3回も振れば前に飛ばせるでしょう。

なぜかというと、道具をつかんでいる手の延長線上でボールを打てるから。手や腕を振れば、打面がダイレクトに同調して動くので当たりやすい。ラケットに至ってはボールの大きさに対して打面も広いですからなおさらです。

ゴルフクラブはどうでしょうか？　ボールを打つヘッド部分が手の延長線上になく、打面も狭いうえに重さもあります。ヘッドのフェース部分にちゃんとボールを当てようと思ったら、クラブをしっかり握り、打面の向きが変わらないように動かしたくなるのが人情でしょう。

確かにこうすればボールには当たりやすく、前にも飛ばせますが、ゴルフクラブ本来の目的は果たせません。おそらく何百年も前のゴルフ黎明期に先達がやっていたであろう打ち方と同じで、ボールを遠くに飛ばせないのです。

これがいわゆる"当てにいく打ち方"で、野球でいうところのバント。内野には飛ばせても外野までは届きません。

大げさにいうと、アベレージゴルファーの多くは、ボールが飛ばないようにクラブを使っています。もちろんそれでもボールには当たります。体力があるうちは、そこそこ飛ぶかもしれません。でも、スライス、ダフり、トップといったミスが出るリスクは常についてまわり、何年たっても突如当たらなくなったり、曲がったりを繰り返します。飛距離に至っては落ちる一方になります。プロの場合、これに似た方法でピンを狙い打つことがありますが、それはコントロールを重視した特殊な打ち方です。

**ボールを当てにいく
スイングは
野球でいえばバント**

クラブをしっかり握ってフェー
ス面の向きが変わらないように
振ればボールには当たりやすい
ですが、ボールを遠くに飛ばす
ことはできません。野球でいう
ならバント。スイングとは非な
るものです

400年変わらないものを振るのにやり方が変わるのはおかしい

　スイングとはゴルフクラブを使うための手段です。その習得にあたっては、さまざまな打法や理論など、多くの手法が取り沙汰されていますが、目指すところは同じで、クラブを正しく使うこと、と私は考えています。

　そう考えた場合、400年来ずっと変わらない構造の道具を扱うのに、やり方がコロコロ変わるのはおかしな話です。スイング作りに向けての取り組み方や考え方は違っても、**打ち方（クラブの扱い方）は変わらないはずです。**

　その証拠に、ゴルフクラブと同様、野球のバットもテニスのラケットも昔から構造は同じですが、バッティングやストロークには最新打法などありません。なぜかゴルフだけ、いろいろな方法が現れては消え、アベレージゴルファーを惑わし続けているのです。

　野球やテニスと違って、ゴルフは止まったボールを打つから、という意見もありますが、プロゴルファーはインパクト前後のクラブの動き方がみな同じ（詳細は後述します）、という事実を前にすると説明がつきません。

　前述したように、ゴルフクラブは先端が曲がっているため、握る部分の延長線上に重心がありません。ヘッドの重心距離については変革がなされましたが、重心距離が短いとヘッドがターンしやすく、長いとしづらいという現象的な変化がもたらされただけで、打ち方が変わったわけではないのです。

　そもそも道具の機能とは、人間の運動面をカバーするべきものです。使い手が一定の動きをすれば結果がよくなる、というのが進化ですから、道具に合わせて打ち方が変わるなどありえないのです。

　というわけで、パーシモンでも、最新鋭のドライバーでも、マッスルバックでもキャビティバックでも、スチールシャフトでもカーボンシャフトでも、構造が同じものを振る以上ゴルファーがやることは同じでなければなりません。

　ゴルフで正しくボールを飛ばすのに絶対必要なのは、打法や理論ではなくクラブを正しく使うこと。ゴルフにおける主役はあくまでクラブで、ゴルファーでもスイングでもありません。これは400年前から変わらず、おそらく未来永劫変わることのない普遍的な事柄だと思います。

スイングを司るゴルフクラブはちょっと変わった道具

　では、ゴルフの主役であるゴルフクラブの構造に注目してみましょう。

　ゴルフクラブにはシャフトがついていますが、これはヘッドを加速させるためのものです。なぜヘッドを走らせるかといえば、ボールを遠くに飛ばしたいから。ヘッドスピードが上がるほど飛距離が出るのは、みなさんもご承知の通りです。

　ドライバーを筆頭に、飛ばしたいクラブほどシャフトが長いのも、シャフトがしなって手元のスピードよりヘッドのスピードが上がり、飛距離アップを望めるからです。

　ただ、先端部にヘッドがついたことで重心の位置に変化が生じました。繰り返しになりますが、**ゴルフクラブは手で握った部分の延長線上に重心がありません。**

　ではどこにあるのか？　答えは**空中**です。

　飛んでくるボールを打ち返す野球やテニス、バドミントンでは、バットやラケットの取手の延長線上（＝打点）にボールを当てるべき芯があります。この場合の芯とは重心のことです。重心が手の延長線上にある道具は扱いやすいので、バットやラケットでは比較的ボールを打ちやすいのです。

　ゴルフクラブはどうでしょう。ネックに近いシャフト部分を指先に乗せると、あるポジションでやじろべえのようにクラブのバランスがとれます（右ページ写真上）。そのため指を乗せたところにクラブの重心があると思いがちですが、それは見せかけ。重量的にバランスがとれているだけです。

　そこで、グリップエンドをつまんでクラブをぶら下げてみてください（右ページ写真下）。シャフトは地面に対して垂直に垂れず、わずかに斜めになります。棒の先端にL字型の重いヘッドがついているからです。

　クラブによって微妙に変わりますが、ヘッドの重心はフェースの真ん中あたりにあります。おまけにクラブヘッドには厚みがありますから、重心位置はヘッドの内部（フェースより右側）に位置します。

　ということで**ゴルフクラブの重心は、ヘッドの重心とグリップエンドを結んだ直線の延長線上に位置している（右ページ写真下）。そこはヘッドもシャフトも存在しない空中**です。

　他のスポーツで使う道具と比べてゴルフクラブはかなりへんてこな形をしていますが、この形が独特の構造を生んでいるのです。

物体としての重心とゴルフクラブとして使う場合の重心

クラブを指先に乗せると、やじろべえのようにバランスがとれるところがありますが、これは物体としての重心位置。いわば見せかけの重心で、ゴルフクラブとして使う場合の重心ではありません

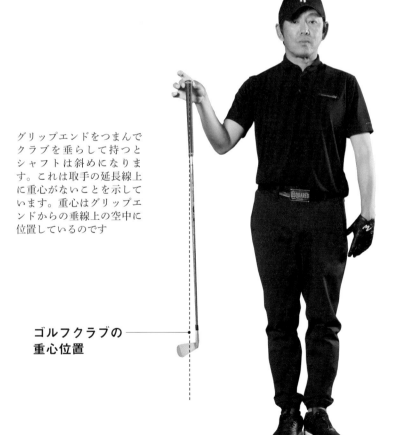

グリップエンドをつまんでクラブを垂らして持つとシャフトは斜めになります。これは取手の延長線上に重心がないことを示しています。重心はグリップエンドからの垂線上の空中に位置しているのです

ゴルフクラブの————
重心位置

■動画で解説

ゴルフクラブには多少の扱いづらさを受け入れても 余りあるメリットがある

　テニスや卓球のラケットは取手の延長線上に重心が位置していますが、ゴルフクラブはグリップの延長線上に重心がありません。この独特な構造を、私は**「偏重心」**構造と呼んでいます。読んで字のごとく、重心が偏った位置にあるというわけです。

　「ゴルフは難しい」という人が多いですが、ゴルフの本当の難しさを知っている方は少ない。本当の難しさはコースで遭遇するさまざまな状況や自然現象に対応しつつ、いいスコアで回るところにありますが、大半の方は、うまくボールを打つことの難しさ＝ゴルフの難しさと考えているからです。

　もし、あなたが同様に考えていたら即刻考えを改めてください。**なぜならボールを打つことは難しくないから**。百歩譲って難しいと感じるなら、それはゴルフクラブの重心がグリップの延長線上からずれた位置に存在しているから。ボールを打つのを難しく感じるのは、この一点にあるといっても過言ではありません。

　むしろ、ちょっと扱いづらい偏重心の道具だからこそ、エネルギーを帯びていない静止したボールを遠くに飛ばせると考えるべき。誰もがスーパーメジャーリーガーの大谷翔平選手よりも遠くにボールを飛ばせるのは偏重心ゆえなのです。

　何でもそうですが、**道具は正しく使えてこそ威力を発揮します**。たとえばゴルフクラブでボールを遠くに飛ばせるのは、フェースがターンする過程でボールをとらえ、ボールに伝わるエネルギーが増幅するからです。

　多少の扱いづらさがあったとしても、それを受け入れて余りあるほどのメリットを享受できるのがゴルフクラブ。そのためクラブの構造は400年もの間変わっていないというわけなのです。

ライ角、フェース、ロフト角の役割

　ヘッドとシャフトにはライ角と呼ばれる角度がついています。これによって地面にあるボールをとらえやすくなります。

　当初はパターのようにライ角が立っていましたが、それだと当たりやすいけれど、体の構造上速くは振れません。振りやすさとスイングスピードを両立させる角度を突き詰めていった結果、現在のようなライ角にたどり着いたものと考えられます。

　それでもベストマッチなライ角は身長や腕、脚の長さなどにより人それぞれですか

ら、それを調整する方策としてクラブフィッティングがあります。

　ヘッド部分にフェースがあるのはボールをとらえるためです。フェースの面積はヘッドの大きさに比例し、ヘッドが大きければ広く、小さければ狭くなります。

　長いクラブはボールとの距離が遠いぶん、ボールを正確にとらえるのが難しいですが、ヘッドを大きくすると重くて振りづらくなり、スイングする感覚もクラブによってまちまちになってしまうため、大きくするには限界があります。特にアイアンではこの傾向が顕著なので、問題を解決するべくショートウッドやハイブリッド（ユーティリティ）といったクラブが出現しています。

　さらに、ヘッドには番手によって違ったロフト角がついています。これはフェースに施された溝と相まって打球に高さを与えるとともに、飛距離にも変化をもたらします。インパクトでボールが溝に引っかかりバックスピンがかかることで、番手を通して打球の最高点が近づくという効果ももたらします。

クラブヘッドに施された工夫

フェース面
ボールをとらえる面です。ヘッドが大きいほど面積は大きくなりますが、素材の問題やルールにより大きさには限度があります

ライ角
ゴルフクラブのライ角。地面にあるボールがとらえやすくなります。ベストなライ角は人それぞれ違います

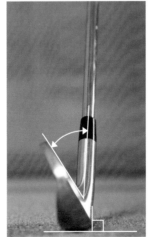

ロフト角
ロフト角は番手によって変わり、クラブが短くなるほど大きくなります。また、ロフト角が大きいほど打球が高く上がり飛びづらくなります

なるべくなら受けてほしくないスイングレッスン

　仕方のないことかもしれませんが、上手くなりたい、いいスイングにしたいと思うと、誰もが体のことばかり意識します。スイングの形（ポジショニング）を気にするのはその典型。しかし、そこから自分のスイングを構築するには大変な努力が必要です。

　その点、クラブの動きを変えればスイングはすぐに変わります。タメも、シットダウンも、地面反力も全部使えるようになる。**クラブの扱い方を身につけると体の動きは勝手に変わっていくのです。**

　私がこんなことをいうのも何ですが、レッスンではゴルフクラブの正しい扱い方さえ学べばいいと思います。前にもちょっと触れましたが、学生選手以外で『日本アマチュア選手権』に出場しているプレーヤーの7割方はレッスンを受けたことがないそうで、私はここに真理があると思っています。

　つまり、スイングは自由でいい。レッスンで「それはダメ！」といわれればいわれるほど、脳から体への命令が溢れ返ってクラブの意識が希薄になります。レッスンを受けることで制限がかかるというデメリットも否定できません。

　ツアープレーヤーがスランプに陥るのもこのため。クラブの動きがよかった選手が、もっと上手くなろうと一生懸命努力するのは当たり前ですが、意識が体に向かってしまうとクラブ意識が消えておかしくなります。私がコーチしているツアープロにやっていることのメイン作業は、意識をクラブのほうに引き戻すことです。

　とかくスイングでは正解を求めますが、習得したら正解は求めなくてもいい。**大事なのは、どういう球を打ちたいか、それにはクラブをどう動かせばいいか、これがすべて**になるからです。正解はその都度変わってしかるべきなのです。

　ボールとクラブの接触パターンは27しかありません（138ページ参照）。練習ですべてのパターンを網羅してやろうと遊ぶだけでクラブへの意識は高まります。体はクラブが動かしてくれます。この本を読んだあと、みなさんに「素振りをすればスイングはよくなるんだ」と思ってもらえれば最高です。

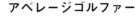

プロゴルファー　　　　　　アベレージゴルファー

潜在意識

顕在意識

ゴルファーの脳内

意識レベルにおいて、スイングはゴルフクラブに対する意識と体に対する意識の2つで構成され、クラブ意識が潜在意識の大部分を占めると上手くスイングできるようになります。アベレージゴルファーや調子を落としているプロは、体の意識が顕在化してしまい潜在意識におけるクラブの存在が希薄です。要は体の意識が顕在化するほどスイングはおかしくなる。いたずらにレッスンを受けるほどこの傾向は強くなるばかり。調子の悪いプロも多くはこうなっています

第2章
Lesson 2

クラブを扱う要諦
「重心コントロール」

ゴルフクラブの運動原理と
スイングの原則

ゴルフスイングの本質はクラブの重心コントロール

　ゴルフクラブを意識することで、スイング習得への視界が開けることがおわかりいただけたところで、ここからは実際にゴルフクラブを扱ううえで必要なことを説明していきます。

　クラブを上手く扱うということは、クラブの重心を上手く利用（＝管理）することです。私はこれを、「重心コントロール」と呼んだり「重心をとる」といったりしています。

　アメリカのゴルフ研究機関『ジェイコブス3Dゴルフ』で日本人唯一のアンバサダーを務め、私が主催するセミナーの講師でもある松本協さんは、著書『ゴルフの力学』で次のように述べています。

　「空中にずれた重心をコントロールできると、結果的にヘッドの芯にボールを当てることができる。ゴルフスイングの本質は重心の管理であり、スイングとは究極的にはクラブの重心をコントロールする作業なのである。中上級者になるとフェースコントロールを意識するが、それは重心のコントロールの結果でフェース管理がなされるということなのだ」

　まさにその通りで、日頃使っている道具ひとつをとっても、使いこなせているものは重心をコントロールできています。

　本書の冒頭で引き合いに出したトンカチもそのひとつ。釘を打つときに柄を強く握って腕と一緒に動かす人はまずいません。柔らかく握り、手首を使ったほうがトンカチの頭がスムーズに大きく上下して釘にも力が伝わると述べましたが、これは手首を柔らかく使うことでトンカチの重心をコントロールしているのです。

　正しいスイングは重心コントロールの連続性の上に成り立っています。この説明にも『ゴルフの力学』を引用させていただくと、

　「効率的なスイングを目指す上でもっとも重要なのは、スイング中にクラブの重心を滑らかに移動させながらプレーヤーが無駄なエネルギーを消費することなく、遠心力とともに最大の運動エネルギーをボールに伝えることだ。ハーフショットの位置からゴルフクラブをボールに向かわせると労せずボールを打てると思うが、これはクラブの重心がボールに向かうベクトルのエネルギー以外にほぼ我々は何も無駄なエネルギーを与えないからである。逆にいえば、そういった無駄を起こさせない位置に重心をもってくるプロセスの連続がスイングということになる。このような作業をアドレスからデリバリーポイントまで連続的に続けることができれば、デリバリーポジション以降は自動的にヘッドがインパクトへ向かい効率的なショットとなる。すなわちこれは重心の管理さ

れたスイングといえる」

　ということ。デリバリーポイントとはクラブをリリースするポイントのこと。簡単にいうと、**クラブの重心コントロールができていれば、アベレージゴルファーのスイングにおいて大きなネックになっているアーリーリリースをなくすことができます。**

　ひいてはクラブがほぼオートマチックに動き、フェースの芯でボールをとらえることができるということで、この事実はスイングとは道具を使いこなす動作であることの証左であるとともに、すべてのゴルファーが進むべき方向を示しています。

　ちなみにここまでハッキリしたことがいえるのは、ゴルフクラブが物理の法則にのっとった剛体の力学で運動するからです（次ページ参照）。

重心をコントロールできるとアーリーリリースがなくなる

アーリーリリースが起こるのは、ゴルフクラブの重心をコントロールできていないから。コントロールができていれば、アマチュアゴルファー最大の問題ともいえるアーリーリリースをなくせます。また、アーリーリリースがなくなると、ダウンスイング〜インパクトのクラブ軌道が安定します

ニュートン力学に支配されるゴルフクラブ

　ゴルフクラブは、物理学的には変な形をした塊ゆえ剛体の力学に支配される。剛体の力学はニュートン力学そのものなので、ゴルフクラブの動きは全てニュートンの運動法則で説明できる。

重心の存在

　物体には必ず重心が存在する。重心とは大雑把にいえば剛体の中心。その剛体の重さを考慮して重心を支えたときに剛体全体を支えられるバランスポイントだ。

　ゴルフクラブの場合、クラブヘッドの重心はヘッドの中心あたりの奥にある。シャフトまでを合わせると、重量的にバランスがとれるシャフト上のポイント付近の空中に存在している。

ニュートンの運動法則

●第一法則
　力の作用を受けない物体は、等速直線運動を維持するか静止し続ける（慣性の法則）
●第二法則
　力が物体に作用すると力の向きに加速度を生じる。その大きさは力の大きさに比例し質量に反比例する（ニュートンの運動方程式）
●第三法則
　作用と反作用は大きさが等しく向きが逆である（作用反作用の法則）

ゴルフスイングを作るのは直線運動と回転運動

　我々の周りのすべての運動はニュートンの運動方程式の第二法則にある、直線運動方程式と回転運動方程式によって解説できるといっていい。

　直線運動方程式は［F=ma］という有名な公式で、ある静止する質量「m」の物体に、ある方向の加速度「a」で力「Force」を直線的に与えると、その物体は空気抵抗などがなければ永遠に等速直線運動を続ける。

　仮に等速で飛んできた物体が宇宙空間で同じ質量の物体に衝突したとすると、衝突した物体は静止、衝突された物体は動き出し、同じ速度で永遠に宇宙の彼方へ飛んでいく。これが運動量保存の法則だ。

　ショットはクラブヘッドとボールの衝突であるから、ニュートン物理学が密接に関わるということは直感的に理解できるだろう。（松本協著『ゴルフの力学』より）

クラブの重心をコントロールするとはクラブを引き続けること

スイングにおけるゴルフクラブの重心コントロールは、クラブを引き続けることで成されます。

キャリーバッグを引っぱって使うのは、押すよりもはるかに使いやすいからです。雪道で前輪駆動車が後輪駆動車より滑りづらいのは、駆動輪が重心側にあるから。すなわち重心を引っぱる格好で駆動するからです。

ゴルフクラブは扱うのが困難なほど重くありませんが、先端部のヘッド側が重く、グリップ側が軽いことにかわりはありません。つまり**重心側のヘッドを安定させて動かすには引いたほうがいい**。18ページで紹介した"犬の散歩"はまさにそれで、クラブを押したらヘッドの動きが不安定になり速く押すこともできませんが、引けば簡単かつ安定して速く動かせることがわかります。

とはいえいきなり、「クラブを引く」といってもピンとこない方が多いかもしれません。ですが、これはゴルフクラブを扱ううえでの最重要事項で、**ゴルファーがやるべきは、終始クラブを引っぱりながら使うために身体および心理的な条件を整えること**、といっても過言ではありません。極端な話、これさえできれば、第3章以降に出てくることなど知る必要はないといってもいいくらいなのです。

さらにいえば、これはスイング理論でもなければナントカ打法でもなく単なる物理。しかもごく初歩的で、みなさんも普通に使っている原理であり原則にすぎません。それゆえ誰もが立ち戻ることができる、いわば基本中の基本です。どうしていいかわからなくなったらクラブの物理を思い起こせばいい。逆にいうと、上手くいかないのはスイング中に重心を引けていないポジションがあると考えられるわけです。

**引き続けることで重心を
コントロールできる**
キャリーバッグは引っぱれば扱いやすいですが、押すと扱いづらくなります。これは重心を引っぱり続けるからです

クラブは押すより引いたほうが扱いやすい

クラブを押す

クラブを引く

クラブが扱いやすい
＝重心コントロール
ができているという
ことです

先端部が重くグリップ側が軽いゴルフクラブ。重心が近いヘッド側を安定させて動かすには、押すよりも引いたほうがいい。簡単かつ安定して速く動かすこともできます

ゴルフクラブはアドレスではヘッドの重心が右にあるだけ。
フェースは開くようにも閉じるようにもできている

　クラブの重心を簡単にいえばクラブの中心点。繰り返しになりますが、点で支えたときに、やじろべえのように左右のバランスがとれるポイントのことです。

　ただ、シャフトの先端にヘッドがついたクラブはL字型をした特殊な形状なので、正確にはグリップエンドとヘッドの重心点を結ぶライン上の空中に重心があります。グリップエンドをつまんでヘッドを垂らしても、シャフトが地面と垂直にならないのはそのためです。

　最終的にはこの重心をコントロールできるようになりたいのですが、見えないものをコントロールするとなるとイメージが湧きづらいので、ここではひとまずヘッドの重心を意識してください。

　気をつけていただきたいのは、ヘッドの重心はフェース上ではなくヘッドの内部、アドレスした体勢で見ると、フェース面の右側に位置することです。

　ためしに、ゆるゆるのグリップでクラブを持ち、ヘッドを地面に置いてみてください。ヘッドがわずかに右回転してフェースが開くはずです。こうなるのは**ヘッドの内部（＝フェースの右側）に重心があるから。そもそもクラブはリーディングエッジを真っすぐにして構えるとフェースが開く構造なのです。**

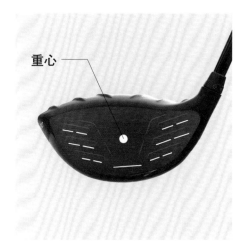

重心

重心

ひとまずはヘッドの重心を意識
シャフトを含めたクラブ全体ではなくヘッドの重心を意識します。ヘッドの重心はグリップエンドの真下あたりにくるフェース上の点の内部、フェース面の右側に位置しています

力をかけずにクラブを
地面にソールすると
フェースは開く

ソールの形状によって多少違い
はありますが、ギュッと握り
しめずにクラブを持ち、ヘッ
ドを地面に置くとヘッドがわず
かに右回転してフェースが開き
ます。これはヘッドの内部（＝
フェースの右側）に重心がある
からです。何もせずにクラブを
置けばフェースは開きます

スクエアフェースは
力がかかった状態

ソール形状によって多少違い
ますが地面にポンとヘッドを置い
たときにフェースが開かず目標
方向を向いている場合、無意識
にクラブに力をかけています。
開くフェースを閉じているので
す

重心バランスがとれるようにヘッドを置くとフェースはかぶる

アドレスでは、「フェースをターゲットに向ける」といわれます。この言葉がどれだけ正しく理解されているかはさておき、アドレスでは、ほぼ全員がクラブのリーディングエッジがターゲットラインとスクエア（直角）になるようにセットします。

ところが、一見おさまりのいいこのポジションも、持ち手の延長線上に重心がないゴルフクラブの場合、物体としてのバランスがとれておらず、正確には開こうとしているフェースを手で抑えている状態です（左ページ写真下）。

物体としてのバランスをとるには、持ち手の延長線上に重心をもってくればいい。すなわち、**アドレス時の自分から見てフェースが少しかぶった状態にする**ことです。

両手でクラブを持って右肩に担ぎ、一旦グリップをゆるめてから軽く持ち直してヘッドを地面に下ろすとフェースは閉じます。クラブ目線で見ると、これが重心バランスのとれたセットアップになります（次ページ写真参照）。

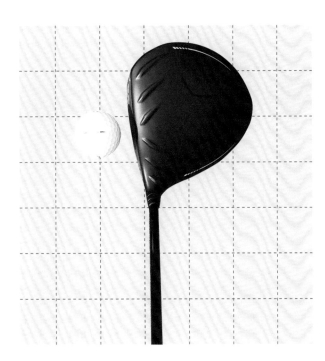

**重心バランスがとれた
クラブの状態**

上記の手順でクラブをソールすると、自分から見てフェースが少しかぶって閉じた状態になりますが、クラブ目線で見た場合、これが重心バランスのとれた状態になります

だからといって、リーディングエッジをターゲットに向けたアドレスが間違いかといえば、そんなことはありません。現実にはその構えからスイングするゴルファーが大半ですしプロとて例外ではありません。

　では、なぜそれでもインパクトでフェースが開くことなく上手く打てるのでしょう？それはアドレス時にバランスがとれていなくても、スイング中に重心をコントロールできるから。いいかえると**クラブが動きたがるのに任せて引き続けているから**です。プレーヤーの意識とは関係なく、**"クラブが主、ゴルファーが従"**になっているわけです。

　子どもがクラブを振るときにはフェースの向きなど考えません。重いですから動かすことで精一杯。何とか少ない力で振ろうとすると、クラブをズルズルと引っぱるように動かします。こうすると始動ではフェースが閉じた形になります。ほかでもなく、こう

ゴルフクラブの
バランスをとるには……

クラブのバランスをとるには持ち手の延長線上に重心をもってきます。両手でクラブを持って右肩に担ぎ、一旦グリップを緩めてから軽く持ち直してヘッドを地面に下ろしてみましょう

すると重心がコントロールできて動かしやすいからです。

　同時に、そうやると力がなくてもクラブがちゃんと動くことがわかります。トンカチと同じで、むしろヘタに力を入れないほうがいいと実感できます。多くのプロゴルファーはこうしてスイングの基礎を習得しました。プロが異口同音に、「力を抜け」というのはそのためです。

　リーディングエッジをターゲットに向けたアドレスでスライスばかりしていた方が、フェースをかぶせたアドレスからスイングするとスライスが止まるケースはよくありますが、これはクラブの重心をコントロールしやすいポジションから始動することで、クラブが動きたいように振れるからです。

クラブフェースを直線上に真っすぐ動かしてはダメ

　スイングではスクエアにインパクトすることが大事です。スクエアインパクトとは、フェースがボールに当たる瞬間に、ボールとターゲットを結ぶターゲットラインに対してフェース面が直角になること。これによりボールが真っすぐ飛ぶといわれます。

　ただ、スクエアインパクトの意識が過剰になると、当てにいくスイングになるとともに、クラブフェースを直線上に真っすぐ動かし続ける間違った動きになりがちです。

　インパクト前後では、ボールとターゲットを結んだラインに対してフェースが真っすぐ（スクエア）になるイメージが有効ですが、インパクト後はヘッドがインサイドに動くのがナチュラルなスイング。**ゴルフクラブの原理に従って振れると、ターゲットライン上を直線的に動き続けることはありえません。**

　これはゴルフクラブを胸の高さくらいの位置で構え、バットを振るようにスイングするとよくわかります。フェースを直線上に動かすと極めて不自然な動きになり、スピーディーに振ることもできないのです。

クラブの運動効率、ボールコントロールも損なわれる

　スイング中にフェースを真っすぐ動かそうとすると、ゴルフクラブの運動効率も下がります。フェースの向きを変えずに動かし続けてフォローサイドでヘッドが上昇すると、無意識にクラブを引き上げる動きが入ります。重いものを引き上げますからヘッドスピードは上がらずボールも飛びません。

　このことからもショットには向かない動きだとわかります。フェースを真っすぐ出すのはアプローチなど、意図的に距離を抑えるときに限定した場合の使い方なのです。

　ボールコントロールも損なわれます。

　インパクトでトゥ側にボールが当たるとフェースが右を向く力が働いて右に飛びやすい。逆にヒール側でヒットするとフェースが閉じて左に飛びやすい。インパクトエリアでクラブを牛耳ろうとする、固定するといってもいいですが、こうすると逆にクラブは正しく動きづらくなる。放っておけば振り子のように動くのに、自分でそれを邪魔することになるのです。

　これはあくまでクラブの動きにフォーカスした現象で、ここに体の動きが加わりますから、なおさらスクエアに当たりにくくなります。

　アベレージゴルファーの多くは、これを自力で何とかしようとしています。たとえば

フェースが開いてボールがつかまらず、手をコネてつかまえにいくのはその典型ですが、扱うのにコツが必要な道具を牛耳っていますから持続性はありません。まさに毒をもって毒を制している。真っすぐ飛んだとしてもたまたまです。

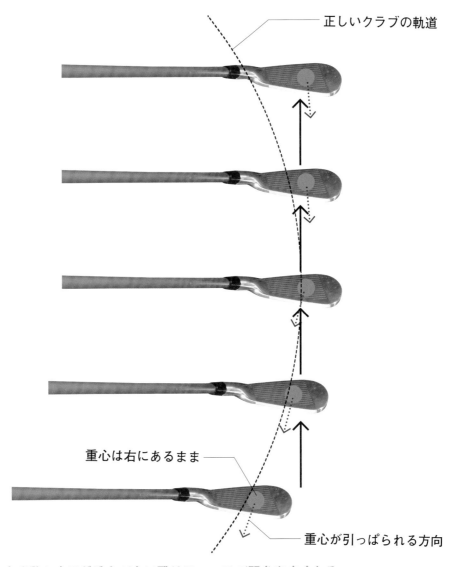

正しいクラブの軌道

重心は右にあるまま

重心が引っぱられる方向

真っすぐ動かすほど重心が右に残りフェースが開きやすくなる

クラブヘッドの軌道に対してフェースが開くことになるため、ボールがつかまりません。ゴルフクラブはフェースが開きやすくできているのでなおさら。フェースを真っすぐ出してもいいのは、アプローチなど意図的に距離を抑えるときだけです

フェース面はスイング軌道に対してスクエアに動く

「クラブは振り子のように振る」といわれます。クラブヘッドを真下にぶら下げた、いわゆる垂直振り子だと、フェースは真っすぐなまま左右に振れます。ところがそこに角度がつく、つまりゴルフクラブのようにライ角がついていると、自分目線で見てフェースが開閉しはじめます。

逆に考えれば、ターゲットに対して意図的に真っすぐフェースを出すと、物理的にライ角が保てなくなるということ。すなわち、ゴルフクラブのナチュラルな動きを止めることになるのです。

確かにスイングには振り子運動的な側面がありますが、単純に振り子をイメージした場合、グリップエンドをつまみ、真下にヘッドを垂らしたライ角のない状態からヘッドが左右に動く振り子を想像します。

でも、これではボールがつかまりません。やっていただくとわかりますが、フェース面は左を向いたままターンすることなく振り子運動をします。ヘッドの重心がフェースの右側にあるからです。ボールがつかまらない人のスイングは、まさにこのイメージなのです。

力のないジュニアゴルファーは、自分でクラブをコントロールできません。そのため、はじめからクラブの行きたい方向に振ります。だからフェースがターンする。意図していなくても重心をとったスイングになるわけです。

すでにお気づきだと思いますが、**フェースをスクエアに使うというのは、フェース面がスイング軌道に対してスクエアに動くこと**です。スイング中ヘッドは弧を描きますが、その弧に対してスクエアなのが正真正銘のスクエアフェースで、**ボールとターゲットを結んだターゲットラインに対してスクエアに動くことではありません。**

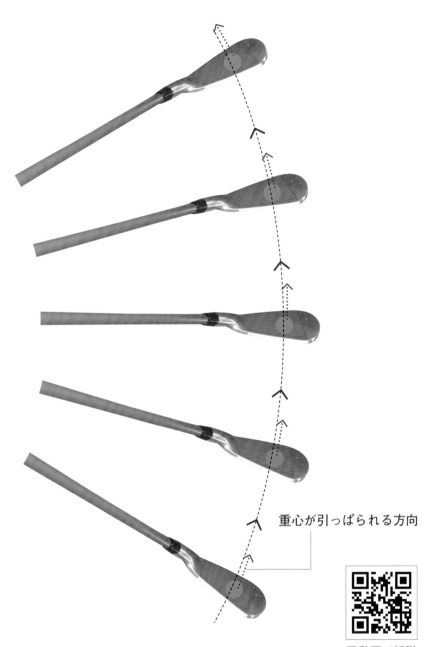

重心が引っぱられる方向

■動画で解説

スイング中はフェースが開閉することでスクエアになる

「スイング中フェースはスクエア」といいますが、これはフェース面がスイング軌道に対して常にスクエアということです。スイング中にヘッドが描く弧に対してフェースはスクエアですから、フェースだけを見るとバックスイングではフェースが開き、ダウンスイングからインパクト、フォローに向かって閉じてくることになります

ゴルフクラブの運動原理にのっとったスイングの原則

　なぜそういい切れるかというと、国内外を問わず、**すべてのプロはハーフウェーダウン（ダウンスイングでクラブが腰の高さのあたりにきたところ）からインパクトにかけてクラブが同じように動いている**からです（ただし、打ちたい球筋によって変化します）。

　ダスティン・ジョンソンとセルヒオ・ガルシアのスイングは誰が見ても違います。バックスイングでクラブをアウトサイドに上げる選手もいれば、真っすぐ引く選手もいますが、ハーフウェーダウンからインパクトにおけるクラブの動き方は同じ。それまでにどう動いてこようが、スイングの肝心要の部分では同じようにクラブが動いており、これは力の出し方や出力方向も同じであることを示しています。

　もちろん私見ではありません。テクノロジーとゴルフサイエンスの進化により、ダウンスイングからインパクトでのクラブの動きが可視化されるとともに、インパクト時のフェース向きやヘッド軌道、ボールの回転といったデータが数値化できるようになりました。

　この結果は、そういった数々のデータが示していること。つまり、動かぬ証拠として我々の前に提示された現実で、いうなれば**ゴルフクラブの運動原理にのっとったスイングの原則**です。世のすべてのゴルファーが目指したいのは、このプロセスをプロと同じようにすることです。

　たとえば、スクエアグリップでスライスしか出ない方へレッスンをさせていただくときに、「アドレスでびっくりするくらいフェースを左に閉じて構えてみてください」とアドバイスすると、いままで出たことがない、ビシッとつかまったボールが出はじめる方が少なからずおられます。左に飛ぶこともありますが、ふらふらと飛ぶ力ない打球は影を潜め、上手くハマった人は、これだけでゴルフがガラッと変わるほどです。

　これはとりも直さず、クラブが本来の使われ方をしたから。フェースを閉じながら打つのは、フェースが返りながらインパクトするという正しい方向に向かっていただくためのファーストステップです。

　アベレージゴルファーの方のほとんどは、テークバック時のクラブの上げ方やトップの形などを気にしてプロの真似をします。止めはしませんがベストなスイング習得法ではありません。はじめにやるべきは、原理原則を知り身につけることです。

スイングの原則はハーフウェーダウン〜インパクトにある

打ちたい球筋によって変化しますが、基本的にプロは全員、ハーフウェーダウンからインパクトにかけてクラブが同じように動いています。ゴルフサイエンスの進化により、ダウンスイングからインパクトでのクラブの動きが可視化され、スイングにおけるエビデンスのひとつになりました。ゴルフクラブの運動原理にのっとったスイングの原則といえるでしょう

第3章
Lesson 3

振り子とゴルフスイング①

"手の偏差値"を
上げる

手の中に支点がある
クラブの振り子運動

クラブ主導で動くにはグリップが重要な役割を担う

スイングには振り子運動の一面が色濃くあります。クラブを柱時計の振り子にあてはめるなら、クラブヘッドがおもりで左右に振れます。この振幅が大きくなって弧と化し、さらに斜めに傾いたものがスイング軌道になります。

振り子には支点が欠かせず、スイングでもグリップエンドを支点にクラブヘッドが大きく振れる瞬間があります。両手でクラブを握っていますから、とりあえずはグリップを支点と考えても差し支えありません。

いずれにしてもクラブヘッドは重いですから、重さに任せて自由に動けば支点が大きくズレない限り、クラブヘッドは円軌道を描きます。

こうしてできるのがスイングプレーンです。

スイングプレーンについて語られる場合、もっぱらボディモーションがクローズアップされますが、プレーンはクラブによってできますから主役はクラブです。

プレーヤーサイドから見ると、ゴルフクラブと唯一の接点であり、支点でもあるグリップ、それも "手の中" が一番大切。クラブ主導でスイングするのに重要な役割を担うので、「グリップ＝支点」という意識はあっていいでしょう。

グリップを支点にクラブが正しく動くと、ヘッドスピードは自然に変化します。ヘッドが最下点に向かって落下していくときは加速し、それ以降は減速に転じます。

アベレージゴルファーの大半は、クラブヘッドが加速するタイミングが早くなっています。重いヘッドが落下しながら加速すれば最下点付近、つまりインパクト前後で最速になるのに、トップから切り返しの時点、あるいはダウンスイングの途中で最速になっているのです。

飛ばない人はヘッドスピードが遅いと思っているかもしれませんが、多くの場合マックスになるタイミングがインパクトの前になっているだけで、潜在的にヘッドスピードが遅いわけではありません。

こうなるのはいうまでもなく、クラブの重心をコントロールできていないからで、一にも二にも支点の使い方に問題があります。

詳細はこのあと説明しますが、**支点の使い方は筋力や年齢には一切影響されません。**トンカチを使うのと同じで、コツをつかめば誰でもできることです。軽々250ヤード飛ばすシニアゴルファーは、もれなくこれができています。

プロとアマチュアに見る
クラブヘッドの加速域の違い

プロの加速域

プロはダウンスイングの後半から
インパクトおよびフォローにかけ
て、クラブヘッドが加速します。
クラブの重心をコントロールする
ことで、クラブのスピードがイン
パクトに近いところで最速になり
ます

MAX!

MAX!

アマチュアの加速域

アベレージゴルファーは、クラブ
ヘッドが加速するタイミングが早
い傾向が顕著です。トップから切
り返し、あるいはダウンスイング
の途中で最速になっていることが
多い。ほとんどの人は最速になる
タイミングが早いだけでヘッドス
ピードが遅いわけではありません

クラブの重心をコントロールするとは？

フェースをボールに、"当てにいく"ことによって生じるデメリットについては言及しましたが、そうなるのも手の中の支点が正しく使えていないからです。

当てようとしてフェースを真っすぐ動かすと、グリップを強めに握って体の前をスライドさせることになりますが、これではクラブフェースがボールにコンタクトするもっとも重要なプロセスで支点が左右に動いてしまい、支点の役割を果たしません。打てなくはありませんが、ヘッドの加速度も小さければ、運動量も少なく非効率なことこのうえありません。トンカチでいえば、手首を固定し、腕と柄を一体化させた状態で頭を上下させるようなものです。

これに対し、手首の関節が固まらない程度の強さでグリップし、インパクト付近でグリップの位置が大きく動くことなくクラブヘッドを左右にぶらぶらさせると、手元に対するヘッドの運動量が大きくなり、最下点に向かってヘッドが加速しながら動きます。

このとき、手の中ではヘッドの重さを感じています。これがクラブの重心をコントロールできている状態で、クラブは一定の周期で動きます。

ただし、これはインパクト前後の限定された範囲で、かつ二次元的にスイングを見た場合の話で、スイング全体においてもこのように動くのが理想です。

ここでちょっと頭を働かせなければならないのですが、クラブはライ角に沿った角度で振り子運動をします。これによりフェースが開閉することはすでに述べました。要は**ライ角がついた状態で振り子の支点を作れるかどうかが、スイングの成否を分けるポイントのひとつ**ということです。

クラブの重心をコントロールできると、ダウンスイングからインパクトにかけてクラブを引き続けるスタイルになります。タイミングや軌道などはさておき、プロとアベレージゴルファーの差はこれができているかいないかだけといってもいい。早い話が、**インパクト前にクラブヘッドがグリップを追い越さなければゴルフクラブを生かせるスイングになる**のです。

ややこしいのは、スイング中に支点が動くことですが、これは頭で考えるから複雑になるだけで、クラブが主役になれば自然に引き出される部分。慣れればどうということはありません。

重心をコントロールできている状態とできていない状態

重心をコントロールできている

手首を柔らかく使える強さでクラブを持ち、グリップ位置を止めてクラブヘッドを左右にぶらぶらさせると、手元に対するヘッドの運動量が大きくなり最下点に向かってヘッドが加速しながら動き、最後の最後でクラブヘッドが支点を追い越しています

■動画で解説

重心をコントロールできていない

当てにいく、あるいはフェースを真っすぐ動かすにはグリップを強めに握り、体の前に手をスライドさせることになります。また、クラブを引き続けられず押す格好になるため、インパクト前にクラブヘッドが支点を追い越す形にもなります

ゴルフクラブが動くとき支点は常に"手の中"にある

　ゴルフクラブを扱ううえで私が大事なポイントのひとつと考えるグリップについて、詳しくお話ししましょう。

　グリップが大事とは昔からいわれていたことですが、これまではおおむね握り方や握る強さに力点が置かれていました。もちろんそこも大切ですが、これらはポイントを押さえた結果で、本質的に大事な部分ではありません。

　何が本当に大事なのかといえば、**"手の中"**です。

　前述したようにゴルフクラブが振り子のように動くには支点が必要で、グリップはその役割を果たします。でも**道具としてのゴルフクラブを使うには、握った手の中でクラブの動きを感じる必要がある**ということ。いいかえれば、**支点は手の中にあるというこ**

支点の役割を果たすグリップ
スイングでは、手の中でクラブの動きを感じる必要があります。支点は手の中にあるということです。スイング中に手の中でクラブの動きを感じていれば、支点ができているといっていいでしょう

とです。

　ここでご自分がスイングするときをイメージしてみてください。手の中でクラブの挙動を感じているでしょうか？

　手首の関節を固めるようにグリップすると、クラブを感じることができません。そもそも、「クラブがどう動いているか？」という意識がないとなかなか感じられない。支点は道具あってのものなので、子どもの頃からクラブを振っていれば無意識にできているかもしれませんが、大人になってからゴルフをはじめた人の場合、多くはクラブを意識しないと支点が作れないのです。

　詳細は後述しますが、**クラブをグリップする際に握り方や握る強さばかり気にすると手の中がおろそかになります**。これらはあくまで結果。グリップで本当に大事なのは手の中でクラブを感じることで、握り方や強さは枝葉末節にすぎません。

■動画で解説

手の中でクラブを感じることが
グリップの第一歩です

体の動きより手の動き。"手の偏差値"を高めるのが最優先

ゴルフクラブの物理を考慮した場合、押すのではなく引いたほうが重心コントロールがしやすく、クラブの機能も生かせることを第2章で記しました。

これをスイングにあてはめると「引いて、引く」が正解となります。

ゴルフクラブは先端が重い物体ですから、テークバックでクラブを引くと勢いがつきます（クラブの上げ方は自由度が高いですが、これについては後述します）。すると慣性力が働き、トップポジションに向かってクラブが動き続けるのですが、その途中で引き戻すことによりクラブヘッドを加速させ、なおかつ常に同じポジションに下ろすことが可能になります。

そこで重要になるのが、手でクラブを正しく引くポイントになります。

手の中でクラブを感じられないとクラブを引き戻すことができず、反対に押してしまいます。引ければ手首の角度は変わりませんが、押すと手首の角度が解けてアーリーリリースになるなど多くの弊害があります。

私はこの手の重要さを"**手の偏差値**"と表現しています。手の中でクラブを引けてい

手の偏差値が高い

引く

引く

■動画で解説

ゴルフクラブは「引いて、引く」が正解

手の中でクラブを感じる＝支点があると常にクラブを引けます。支点がないと押してしまい、押すと手首の角度が解けてアーリーリリースになります。手の中に支点があってクラブを引けている人は手の⤴

る人は手の偏差値が高く、手でクラブを牛耳って押すように使っている人は手の偏差値が低いというわけです。

　ツアープロでもティーチングプロでも、正しくスイングできているプレーヤーは手の偏差値が高いという点で共通しています。

　誰もがみなさんの上達を助けるべく、「トップポジションから足を踏み込めばいい」「股関節を切っていく」「その場で回る」などというアドバイスを送っているのですが、それらはすべて手の偏差値が高いという前提があってのもの。手の中でクラブを引けているからこそ辻褄が合うので、手の偏差値が低い人がその通りにやってもアーリーリリースを助長することになりかねません。

　要は**体の動きより手の動きが勝負の決め手**。たとえば18ページで紹介した"犬の散歩"などをやり、その大事さを理解できると、クラブという物体を正しく引くことができるようになります。そうなってはじめて体に向けてのアドバイスが有効になるのです。

　みなさんにはまず手の偏差値を高めていただきたい。クラブを引っぱる、棒を振る、チャンバラみたいに動かす、といったことをやると自然に手の偏差値が高くなります。体のモーションを気にする前に手の偏差値を上げましょう。

押す

手の偏差値が低い

押す

＼偏差値が高く、押すように使う人は手の偏差値が低いといえます

正しく手首を使えているかが上手いか下手かの分かれ目

「スイングでは手を使わない」といわれます。ここまで読まれて、その点で矛盾を感じた方がおられると思うので説明しておきましょう。

結論からいうと、ゴルファーがゴルフクラブを振ってボールにエネルギーを伝えるには、手を使わないわけにはいきません。かのベン・ホーガンも著書『モダン・ゴルフ』の中で手首の動きを重要視していますし、プロのスイングを見ても手首を使っているのは一目瞭然です。

ところが、多くのプロは、「手は使っていない」といいます。なぜかといえば、プロが感じたままを口にしているからです。

お話ししてきたように、**手首の関節を固定せず、クラブヘッドの重さを感じられる程度に握って手の中に支点を作ってスイングできると、手首を使っていない感覚になります**。いいかえると、クラブに動かされる感覚になるので、「使っていない」は、感覚として正解なのです。

そもそもこの論争は、ドライバーのヘッドがパーシモンからメタルにバトンタッチさ

スイングでは手首を使っている

手首の関節を柔らかく保ち、クラブヘッドの重さを感じられる程度に握ってグリップを支点にスイングすると、手首を使っている感じがしません。これはクラブにリードされてスイングしているということでもあります。プロが「手首を使っていない」というはそのためです。「手首は使わない」を額面どおり／

れるときに巻き起こりました。「メタルは手首を使わないほうが飛ぶ」というわけです。さらにタイミングを同じくしてボディターンスイングがもてはやされ「手首は使わず体の回転で打つ」がトレンドになりました。

でも、どの口がいっているのかといえば、鋭敏な感覚をもつプロゴルファー。しかもパーシモンとメタルを比較した場合という限定的な条件での感覚表現で、正確には「メタルウッドはパーシモンのウッドほど手首を使わない感覚」なのです。

しかし、この影響は大きくかつ根深くて、私のスタジオにはじめて来られるお客様のほとんどは、文字通り手を使わず、グリップを体の前に固定してボディターンで打とうとしています。

もちろんボディターンが間違いということではありません。たとえば手を正しく使っている上級者にとっては、スイング中の体のポジションなどのチェックがレッスンで効果をもたらすこともよくあります。

ちょっと話が逸れましたが、**まずは手を正しく使うこと。正しく使えているかいないかは、昔も今も上手い人と下手な人の分かれ目です。**

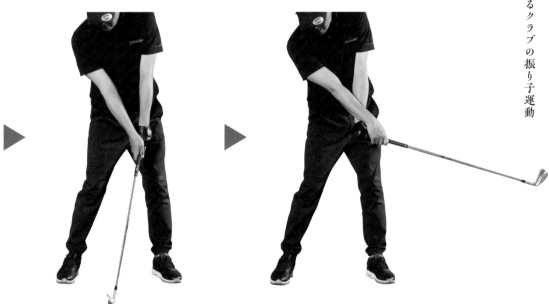

＼に受け取り実行すると、グリップを体の前に固定してボディターンで打つことになります。このような人は「手首を正しく使うこと」が大事。手首を使うことでスイングがガラッと変わります

手の偏差値を上げるポイント「グリップの内圧変化」

　手の使用に関する疑問が氷解したところで、支点としてのグリップについてもう
ちょっと突っ込んだ話をしましょう。

　この章では、グリップを支点としてクラブが振り子運動をするという観点からゴルフ
クラブの正しい使い方を説明していますが、ずっと「支点は手に中にある」とお伝えし
てきました。

　先にいっておきますが、スイングするにあたっては、手のどこを支点と考えても構い
ません。クラブを持った両手の"かたまり"を支点と考えても、クラブが正しく動いて
いれば支障はないということです。

　ただし、考え方はどうであれ、**正しくクラブを使えているゴルファーのグリップ支点
は、必ず手の中にあります。**

　わかりやすく説明しましょう。何度もいって恐縮ですがスイングはクラブが主。道具
としてのクラブの機能を生かすには、クラブのリードが欠かせません。それにはクラブ
がある程度自由に動かなければならない。つまりスイング中、クラブは手の中で動き続
ける。いいかえると手の中でグリップの当たる場所が変化し続けます。

　これはグリップ内の圧力が常に変化するということでもあります。私はこれを"グリッ
プの内圧変化"と呼び、スイングの要のひとつだと考えています。大事なことは見えな
いところに潜んでいるのです。

　上手くスイングできずに悩んでいる人の多くは、グリップとクラブの運動量があまり
変わりません。フェースを真っすぐ動かすことがその原因。真っすぐ動かそうとしたら
クラブが動かないように握るしかありません。結局それがクラブ本来の機能を封じるこ
とになりスイングが円軌道にならないのです。

　たとえば、アドレスからバックスイングで手の中の圧力が低めでも、切り返し以降ダ
ウンスイングからインパクトに向かっては徐々に高まっていかねばなりません。でない
とクラブがスッポ抜けてしまうからです。かといってグリップ内圧力が過剰になると手
首が固まってクラブの動きが止まり、ヘッドが走らずフェースターンもできません。

　ゴルフをはじめる方に最初にグリップの形を教えてしまうと後者になりやすい。手で
固定するようにグリップするため支点がなくなるので、まずは好きなように握って支点
を感じることが大事です。

　その意味でいうと、**最強なのはグリップエンドを指2〜3本でつまんだグリップ**。つ
まんだところを支点にクラブが一定の周期で振り子運動をするからです。しかし、これ

ではボールを打てないので、**なるべくこの感覚から遠ざからないようにクラブを持ちた**
い。そうしたときに、左右3〜4本の指で支点を作る人もいれば10本で作る人もいる。
振り子の感覚が得やすければ持ち方は自由で制約はありません。

クラブが手の中で動き続けると常に内圧が変化する

手の中でクラブが動いているということは、グリップの当たり加減が変化し続けているということです。
これを"グリップの内圧変化"と呼びます。内圧変化はスイングの大事なポイントのひとつです

グリップの内圧変化を作りやすいフィンガーグリップ

　刀身が湾曲した日本刀は、手の延長上に重心がないという点でゴルフクラブと似ていますが、その扱い方について宮本武蔵は、かの『五輪書』の中で、「極意は手をぶらぶらにして使うこと」「何も握らないこと」などと説いています。こうでないと、狙ったところに打ち込めないというのです。押さえるように持つと操れないところは刀もゴルフクラブと共通しているようです。

　グリップの内圧変化を作りたいとなったときにハッキリいえるのは、クラブを押さえつけるように握るのは好ましくないということ。手首の関節を柔らかく使えない、具体的には**持ったクラブをくるくる回せないグリップはよくありません**。

　多くのプロは、「力を抜いて持つ」といいますがまさにそうで、これはいかなるレベルのゴルファーもが共有すべき感覚といえます。

　こういうと、強く握ってはいけないと考えるかもしれませんが、感覚は人それぞれ違いますから、握る強さは人それぞれで構いません。クラブがくるくる回ればどれだけ強く握ってもいいのです。

　この事実を踏まえてグリップの内圧変化をもたらすには、ベン・ホーガンがいうように、**「指でひっかけてクラブを持つ」**のがいいでしょう。

　指でひっかける、いわゆるフィンガーグリップだと、手とクラブの間にわずかな空間ができます。この空間が車のハンドルでいう、"遊び"の役割を果たしてクラブがある程度動きたいように動く余地ができます。これはグリップの自然な内圧変化をもたらすのにすごく効果があります。

　また、フィンガーグリップは自由度も高い。たとえば左手の中指と薬指と小指の３本を支点にしてもいいですし、右手の人さし指を支点にしてもいい。これとは別にベースボールグリップなら左手全体を支点にして右手をゆるませてもいいし、その逆でもいい、というように好きなグリップで好きなところを支点にできます。

　パームグリップでも支点ができれば構わないのですが、手のひらをグリップにビタッと接触させると手の可動域しかクラブが動かず、結果的にクラブの動きに制約を加えることになりやすい。ラウンドや練習でクラブを握る機会がたくさんある人ならいいかもしれませんが、そうではないアベレージゴルファーの方には、手に空間が作れるフィンガーグリップをおすすめします。

グリップに支点の機能をもたせるための諸条件

「指でひっかけて持つ」と自然な内圧変化をもたらす

指でひっかけるフィンガーグリップで持つと、手とクラブの間にわずかな空間ができ、クラブが動きたいように動きやすくなります

手首を柔らかく使えるプレッシャーでグリップする

感覚は人それぞれなのでプレッシャーもそれぞれでOKです。わからなければギュッと握ったり、逆に思いきり柔らかく持つなどして違いを感じてください

ストロング？ ウィーク？
ゴルフクラブはナチュラルに持つのが基本

　グリップの握り方には、インターロッキング、オーバーラッピング、ベースボールグリップなどのスタイルがありますが、**もっとも大事なのは手首の関節を固めず、スイング中にある程度内圧変化できることで、これらの条件を満たしていれば握り方は問いません。**クラブの重心コントロールがしやすければ、まったくオリジナルの握り方でもいいと思います。

　まず守るべきは、人間の自然な動きに従ってクラブを握ることです。

　体の正面にあるものを握るときに、ヒジをねじったりはしませんよね？　右ページ上の写真のように、誰かにクラブを持ってもらい、お腹のあたりにグリップエンドを突き出してもらってそれを握るときには、みんなヨコから両手をあてがうようにしてクラブを握ります。これがナチュラルな握り方で、ほとんどの人は左右の手の甲が同じくらいの割合で見えるように握るはずです。いわゆるスクエアグリップです。

　大切なのは、そのように差し出されたクラブを自然に握ったときに、フェースが閉じた状態で握っているか、開いた状態で握っているか。握り方はみんな一緒になりますが、程度の差こそあれ、フェースを閉じて握る人と開いて握る人という差なだけです。

　これがグリップの種類をわけていまして、前者のようになる人にはストロンググリップ、後者になればウィークグリップというわけです。

　こうすると自分のグリップがわかるのですが、普通はみなさんクラブを地面にソールし、リーディングエッジを目標に真っすぐ向けてからグリップしています。地面にソールしてから握るからストロングやウィークになるだけで、本来はみんなスクエアということなのです。そもそも棒を持つときにどう握るかなんて誰も考えません。考えないで握ると大体は体の正面で自然に握る。ゴルフをやろうがやるまいが関係なく、いつでもヒジや体がニュートラルなポジションで握るのです。

　あとは注意点としましては、クラブヘッドを地面に置いてグリップするとクラブの上から手をかざして握る格好になりやすい。気にせずグリップすると上から押さえ込んでしまうので、**両手の指で下からクラブを支えるように持つことです。**

　ひとつの基準になるのは、クラブの重心をとった握り方です。53 〜 55ページで説明したように、クラブの重心バランスをとってソールすると、フェースはややかぶった状態になります。その状態でクラブを握りフェースをスクエアにすると、結果的に若干のストロンググリップになるので、そこから微調整するのです。

自然にグリップすると、ヒジをねじったり上から押さえたりしない

自分の前に突き出されたクラブを持つときは、誰もがヨコから両手をあてがうようにグリップします。
これがナチュラルな握り方。おおむねスクエアグリップになります

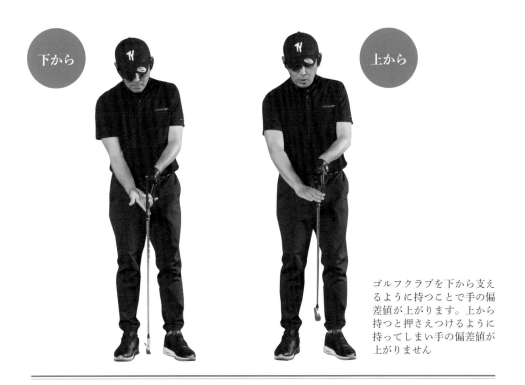

下から

上から

ゴルフクラブを下から支え
るように持つことで手の偏
差値が上がります。上から
持つと押さえつけるように
持ってしまい手の偏差値が
上がりません

自然に持ったときに
フェースが閉じて握ったら

ゴルフクラブをナチュラルに持った際に多少でも
フェースが閉じていたら、ストロンググリップが向い
ている可能性があります。そのままクラブをソールし
フェースをスクエアにすると、ストロンググリップに
なります

フェースが
閉じる

ストロング
グリップ

自然に持ったときに
フェースが開いて握ったら

ゴルフクラブをナチュラルに持った際に多少でもフェースが開いていたら、ウィークグリップ系が合っている可能性があります。そのままクラブをソールしフェースをスクエアにすると、ウィークグリップになります

≫フェースが開く≫

ウィーク
グリップ

クラブがよどみなく右回りすると
「手を使わない」感覚になる

スイング中の手の動きは、体の前でクラブを右回りによどみなくくるくる回すときと同じとなります。手首の関節がクラブと体のジョイントになって柔軟に動いている状態です。この右回りの動きは、手首が4方向に屈曲することで成り立っています。

スタート時点では体の前でクラブを立てますが、このとき手首は親指側に屈曲しています。撓屈と呼ばれる屈曲で、スイング用語のコッキングです（右ページ写真1）。

アドレスからスイングを始動するタイミングで力を使わずにクラブを上げるには、手を支点にグリップエンドを下げればいいですが、これがコッキング。手を右に移動しながら行うとテークバックからバックスイングになります。

タイガー・ウッズのようにノーコックスタイルでスイングを始動するプレーヤーもたくさんいますが、バックスイングから切り返しでは必ずコッキングが入ります。ダウンスイングに入ってもノーコックでは、ヘッドスピードが上がらないからです。

さらにはインパクトに向かってクラブを引き続けることができると、コッキングはなされたままになります。こうしてできるのが、よくいう**ダウンスイング時の"タメ"**です。

さて、右回りでクラブヘッドが最下点に向かう過程では、クラブが右に倒れたのち下降していきます（右ページ写真2〜4）。この過程では若干ながらも、手が甲側と手のひら側に屈曲します。手のひら側への屈曲を掌屈、甲側への屈曲を背屈といいます。両手のひらを合わせる形でグリップしていますから、右手が掌屈すれば左手は背屈、右手が背屈すれば左手は掌屈することになります。左手で見た場合、ストロンググリップでは背屈、ウィークグリップでは掌屈が多めになります。

ヘッドが最下点に至る直前、スイングでいうならインパクトで、手首は小指側に屈曲します。これを尺屈といい、スイング用語のアンコックになります。

その後、クラブがスタート地点に戻る際には、説明したのと逆のプロセスで手が動きます（84ページ写真5〜8）。

いずれにしても4つの屈曲はプレーヤーが意図して入れるものではなく、その時点時点のクラブの動きに従って受動的に入ってくるもので、いわば**"クラブが主"**になった結果。よどみなく右回りにクラブを回すことが大事なのはそのためで、誰もが正しいクラブの動きを感じることができます。そしてこれがクラブに任せて動くということで、できると、**「手首を使わない感覚」**になります。

ゴルフクラブが主導する支点としての手首の動き

体の前でクラブを右回りに回すと手首は4方向に屈曲します。これがよどみなくできると手首は柔らかく保たれています

手首の動きはクラブの動きによって受動的になされます。クラブに任せてよどみなく右回りのスイング
ができれば、誰もが正しく手首を使えます

スイングにおける手首の動き

バックスイング〜切り返し〜ダウンスイングのプロセスでは手首が親指側に屈曲します（コッキング＝撓屈）。またインパクトの直前では小指側に屈曲（アンコック＝尺屈）します。プロセスの途中では、手の甲側に屈曲する背屈、手のひら側に屈曲する掌屈もなされますが、これらはグリップの握り方によって入り方が変わります

グリップとフェースターンの仕方には
無限のマッチアップがある

　私は上手いプレーヤーがやっていることはすべて肯定すべきだと思っています。原理原則にかなっていれば、やり方はひとつに限定されるものではないと考えるからです。

　スイングは棒振りと面合わせで形成されていると述べ、さらにフェース面をマッチアップさせる方法については自由度が高いとも記しましたが、それが色濃く出る部分のひとつが**グリップ**です。

　手前味噌で恐縮ですが、私は師匠の陳清波プロにスクエアグリップを教わったので、スクエアグリップでフェースターンすることを基本にスイングしてきました。ちなみに、ここでいうフェースターンとは両腕のヒジから先を左へ回し、フェースを閉じるほうにテンションをかけることを指します。しかし、レッスンをはじめてたくさんのプレーヤーやお客様と接していくうちに、フェースターンの仕方については無限のマッチアップパターンがあることがわかってきました。

　もちろんプロも同様。アメリカPGAツアーの強豪にはいろいろなグリップのプレーヤーがいますが、それぞれのグリップに合った方法で"面合わせ"をしています。

　微妙な違いはありますが、簡単にいうと**ウィークグリップやスクエアグリップのプレーヤーは、インパクトエリアでフェースローテーションが多く、ストロンググリップのプレーヤーは少ないといえます。**

　たとえば打球が右にしか飛ばない人がいたとして、その場合には大きく分けてふたつの対策があります。ひとつはスクエアグリップのまま重心をとらえてローテーションを入れること。もうひとつはクラブの重心バランスにのっとってグリップし、アドレス時からフェースを閉じてしまうことです。スクエアグリップを変えたくなければ前者、そうでなければ後者という選択です。

　ちなみにPGAツアーの主流はゴルフクラブの重心をとって握る後者なので、多くのプレーヤーは見た目がセミストロンググリップになっています。

　これに対しジョン・ラームやブライソン・デシャンボーは、スクエアからウィーク気味にグリップし、スイング中、常にフェースを閉じるほうへテンションをかけ続けています。

　どちらにも共通するのは、しっかり棒振りをしていてフェースを合わせにいかないところ。これさえやらなければ、どちらのやり方でもOK。やりやすいほうを選べます。

クラブの重心を優先して握ったほうが
クラブの機能を生かしやすい

　レッスンや教本でグリップを教えられると、おおむねクラブの重心を無視した状態で握らされます。第2章で述べたようにゴルフクラブは、リーディングエッジをスクエアにするとフェースが開くようにできています。何も考えずにフェースやリーディングエッジを目標に対してスクエアにセットすると、グリップにはフェースを開く方向にテンションがかかります。

　つまり、**この状態でスクエアに握ると、基本的にはクラブの重心をとれていないグリップになるわけですが、みんなこのセットアップでそのまま振ればいいと思っています。**そうではなく、**スクエアグリップのプロたちはスイング中、常にフェースが閉じる方向にテンションをかけていることになるのです。**

　クラブの重心をとってグリップするとアドレスでフェースは閉じますが、クラブの重心バランスはとれています。人間は大抵の場合、道具を持つと自然に重心を利用するものですが、それと同じようにクラブを持てます。すると道具に合った使い方がしやすくなります。

　中にはものすごくストロングに握る人もいますが、このタイプは左手に偏ったスイングになります。基本的には腕圧が強くクラブが左に抜けきれないため、クラブヘッドを右に逃すようなスイングになりやすいのですが、これも自由度のひとつで間違いではありません。

　このように、**ヘッドの位置は同じでも手の使い方にはいくつものパターンが存在します。これが無限のマッチアップということ。リリースの仕方さえわかれば自由度が高くてもいい所以です。**

　スクエアグリップの人はヒジから先を左に回し、フェースが閉じるほうにテンションをかけます。ストロンググリップはこのテンションが少ない。どちらも正解で、これが"面合わせ"（フェース面を調整）するということです。ただし、これはあくまで体の動きを知るという観点での考察で、最終的にはクラブに任せて重心をとらえれば勝手にできていくものです。

　さらにいうなら、重心コントロールができるグリップはスイング軌道にも少なからず影響を与えます。重心がとれた状態だと、チャンバラやただ棒を振るように本能でスイングできるのですが、そうなるとクラブが極端なアウトサイドやインサイドから下りてくることはありません。クラブによって本能を引き出されるとスイング軌道は限りなく

スクエア
グリップの
インパクト前後

ストロング
グリップの
インパクト前後

ウィーク
グリップの
インパクト前後

イン・トゥ・インに近づくといっていいでしょう。

　参考までに記しておくと、「フェースのローテーション量は少ないほうがいい」という説がありますが、メジャーチャンピオンにはローテーション量の多いプレーヤーが多いです。また、ハンドファーストがいいといわれる中、ハンドファーストが強すぎないプレーヤーのほうがメジャーチャンピオンに名を連ねています。要するに、自分に合っていればどちらでもいいのです。

スクエアグリップは前腕部の回転でフェースをターンさせる

　スクエアグリップでスライスやヒッカケがなくならない人は、試みにヘッドの先端を意図的にターンさせてみましょう。

　このときに意識すべきは、**両ヒジから先の前腕部**です。

　この部分は橈骨と尺骨という二本の骨から成り、左右に回転する仕組みになっています。内側に回る動きを回内、外側に回る動きを回外といい、スイング中は右前腕の回外と左前腕の回内、および右前腕の回内と左前腕の回外のコンビネーションで動きます。

　フェースターンに直接働きかけるのは回内と回外です。見た目にも感覚的にも、手首をくるくる回しているようですが、実際には両ヒジから先、つまり前腕全体が回っています。

　プロは「クラブが動きたいように動かすのが一番」といいます。間違いないのですが、これは意識せずとも自然に前腕部の回転を使ってスイングできているスクエアグリップのプレーヤーの言葉です。使えない人は、はじめは意識的に使わないとフェースターンできません。フェースを真っすぐ動かしてきた方はなおさらです。

　スクエアグリップの方が前腕の回外、回内を入れられるようになると、ヒジから先だけを動かす感じでボールが打てます。バックスイングサイド、フォローサイドともクラブヘッドが腰の高さまで上がる程度の振り幅でも、「パシーン！」と小気味よくボールを弾いてそこそこ飛びます。

　テレビでプロ野球中継を観ていると、ホームランを打ったバッターのスイングをVTR再生することがあります。それを見るとわかりますが、バッターはボールをとらえるのとほぼ同じタイミングでバットを返しています。たとえば右バッターなら、ボールを打つ直前までは左手の甲が上を向いているのに、打ち返す瞬間に、手がパッと入れ替わる感じで右手の甲が上を向くのです。

　この動きも両ヒジから先の前腕部の回転を使ったものです。900グラム前後もある重

いバットで、時速100キロをゆうに超えるボールを打ち返すのは、リストワークだけでは無理で、前腕部の回転が不可欠なのです。

　バットスイングの動きは、クラブを振るときとまったく同じです。体の前で水平に近い状態で振るか、前傾姿勢で下にあるボールめがけて振るかの違いだけです。フェース面の向きを頑固にキープしようとしている人は一度バットのように振ってみましょう。はじめは難しく感じるかもしれませんが、グリップが支点として機能していればフェースはターンしたがりますから力はいりません。逆に力を抜き、ヘッドの重みを使うイメージで動いたほうが、クラブヘッドがさらに加速しながら落下してボールをとらえるようになります。

スクエアやウィークグリップのフェースターンを演出するのは前腕部の回転

ゴルフクラブのローテーションに伴うフェースターンは、両ヒジから先の前腕部が司ります。適度に力が抜けてクラブが動きたいように動く状態だと、前腕部は自然に回転しますが、これを使えていない人は、意識的に使う必要があります。前腕の回転が伴うと、ヒジから先だけ振ってもボールがつかまります

手の運動量に対してクラブの運動量が大きくなればOK

これを実感しつつ、インパクト感もゲットできるベストな方法が、腕をめいっぱい振って何かを叩くことです。

私のスタジオレッスンでは、インパクト用のバッグを思いきり叩いていただきます。"バシン！"と勢いよくヘッドで引っ叩くには、手首の関節がロックされていたり、腕に力が入っていてはダメ。そのため自然と力が抜けて、腕や肩の関節が柔らかく使えます。もちろんグリップの内圧変化もなされます。

目をつむって素振りをすることでも感じられます。目をつむると、自分がどれだけクラブを押さえ込んでいるかもわかります。何より力を入れたまま振るのは怖いので、適正な内圧変化で振れるようになるのです。

グリップから力が抜けると、腕や肩からも力が抜けてきます。自然に腕が振れる理想

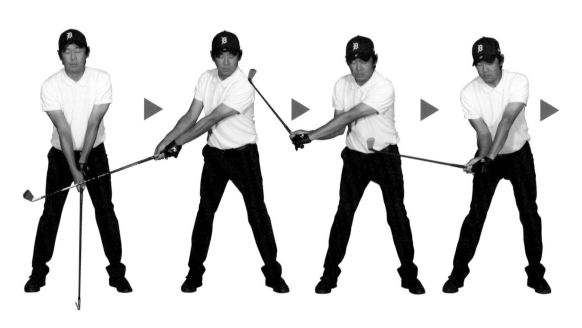

目をつむって素振りをする
目をつむって素振りをすると、自分のグリッププレッシャーがわかり適正な力加減で振れるようになります。インパクトバッグのようにボールを引っ叩くには、手首を柔らかく使えなければなりませ╱

的な状態になり、思いきりボールを叩けるようになりますから、一度このように振って力の抜けた感じを覚え、その力加減でグリップできるようにしましょう。

スイングをスタートする時点でゆるめに握っておくと、インパクトではキュッと力が入りやすくなります。また、腕がつけ根（肩甲骨のあたり）から動くようになり、クラブをボールのほうに放るような格好になるため、インパクトで最大の力が出せます。

とはいえ、一概にゆるゆるで握ればいいというわけではありません。すでに述べたようにグリップの強さ加減は関係ありません。

傾向的にアベレージゴルファーの方の多くは、グリップを強く握りすぎてクラブを押さえ込んでいますから、はじめのうちはゆるめがいいと思います。でも、慣れてきたら別に強く握っても構いません。感覚的に強く握ってもグリップの内圧変化が起こり、手の運動量に対してクラブの運動量が多くなればOKです。

＼ん。関節がロックされていたり腕に力が入っていてはダメ。力が抜けて腕や肩の関節も柔らかく使えると、グリップの内圧も自在に変化します

グリップ支点の振り子運動に欠かせないワッグル

　では、手が自在に動くとはどんな状態なのかを説明しましょう。

　両手でグリップしたクラブを胸の前で構え、ヘッドで円を描くようにクラブを右回り（時計回り）に360度くるくる回してください。

　グリップの内圧変化が起こらないグリップだと、腕や体までが一緒に動いてしまいます。同じことを右手一本、左手一本だけでクラブを持ってやっていただいてもいいでしょう。その際には、右ヒジ、左ヒジを固定して行ってください。

　ワッグルも役立ちます。**役立つどころか、グリップ支点の振り子運動の前には欠かせない動作**だと私は考えています。

　プロの中には、スイングの始動前に見た目にもハッキリわかるワッグルをする人と、

ワッグルは、グリップ支点の振り子運動の前には欠かせない動作
スイングを始動する前にワッグルをすると、手首のロックが解除され、スイング動作に移る準備が整います。ワッグルにより、グリップの内圧変化ができる状態になるからです。ワッグルをしないプロも↗

何もしていないように見える人がいます。でも、後者のプレーヤーでも必ず手を柔らかく使うための予備動作をしています。

　アベレージゴルファーにも、ワッグルを入れる人と入れない人がおられますが、プロと違って入れない人は、入れることができないのかもしれません。すなわち、手首の関節が固まっているのです。たとえそうなっていても、ワッグルすることでグリップの内圧変化を起こしやすい状態になりますから、心あたりがある方はワッグルを取り入れてみるといいでしょう。

　ポイントは、アドレスしたらグリップを軽く押し引きするように何度か動かして、クラブヘッドを動かすことです。

　支点として機能するグリップの必要性は絶対ですが、作り方にはルールがありません。右手でも左手でも両手でもよく、手の中に小さな支点を作ってもOKです。

＼必ず手首を柔らかく使うべく予備動作をしています。ワッグルとは、犬が尻尾を振るような動きのこと。アドレスしたら、グリップを軽く押し引きするようにしてクラブヘッドを数回動かしましょう

スイングには腕とクラブを振る意識をもつのが有効

　ボールと目標を結ぶターゲットラインに向けてフェースを真っすぐ動かすことが、クラブの機能を損なうことは理解いただけたと思いますが、長年このスタイルでボールを打ってきた方は、おいそれとサヨナラできないかもしれません。理由は以下の通りです。

　いいスイングは、「腕と体が一体化している」、あるいは、「腕と体の動きが同調している」といわれます。まさにその通りですが、サヨナラできない方は、この意味を取り違えていると思われるからです。

　スイングでは体を動かしますが、そればかり考えていると腕を振ることを忘れてしまいます。腕が振れないと体が先行しやすくなります。特に切り返しから体が先行して腕が遅れてしまうのです。

　私はこれを"腕遅れ"と呼んでいますが、多くのアベレージゴルファーは腕遅れするため、ヘッドを間に合わせねばならないと考えてアーリーリリースになってしまいます。

　プロが、「腕と体を一体化させる」というのは、アベレージゴルファーの方が考える以上に、体の動きに遅れないよう腕、特にヒジから先の前腕部をビュンビュン振っているからです。前述したように、スクエアグリップのプレーヤーほどこの傾向が顕著ですが、これを前提として腕と体を一体化させると表現しているのです。

　このようにスイングするには、切り返したら腕が先行するイメージをもつのが有効ですが、その場合、切り返しで、"行き別れ"があることが前提となります。行き別れについては第4章で詳述しますので、ここではブランコを加速させるときのように、クラブが動く方向と逆方向に力をかけて方向転換するイメージをもってください。

　行き別れができると左腕は胸郭（きょうかく）に対して遅れません。そのため腕と体が勝手に同調した感じになります。もちろん腕遅れも起こりません。

　また、クラブの先端部に引っぱられる力が働きますから、インパクト後は意識しなくてもクラブが動く方向に体が回ります。同時にその力に対抗してクラブを引っぱることができれば、最後までクラブの重心をコントロールできます。

　腕と体が同調して見えるスイングは、これができています。正しく振れれば、誰でも最終的には体が動きます。体を回すより腕とクラブを振るイメージをもったほうが、早くその動きに到達できるのです。

体の動きに遅れないように腕を振る

バックスイングでは、腕とクラブがどこに上がってもOKなので、とにかく腕を振りましょう

手の偏差値が高く、かつ腕の振りが大きくなって体が連動してくれば、ダウンスイングでは正しい位置にクラブが下りてくるようになります

Y字は崩れていいが「三角形」は崩さないイメージ

　同様に「三角形を崩さずに振る」というフレーズもよく使われます。クラブを振るときに、肩と腕でできる三角形を崩さないようにするということです。

　私はこれを肯定的に受け止めていますが、文字通りにやって間違った動きになっているアベレージゴルファーの方もよく見かけます。三角形を意識するあまり、自らクラブの動きに制約を加えてしまっている。具体的にいうと、肩と腕でできる三角形にクラブを加えた"Y字"を崩さないように動いてしまうのです。

　Y字を崩さないように振るには、体の回転だけで打つしかありません。手首の関節を固めますからトップでまでクラブが上がりきらず、ノーコックのまま左右に大きくクラブを揺らすだけになってしまいます。

　スイングはこの動きの延長線上にあるといえなくもないですが、手首をある程度固定したままでおくのは、振り幅の小さなアプローチなど意図的にヘッドスピードを上げない場合に用いる方法です。ヘッドスピードを上げつつスイングするには、前述したように手首の関節を柔らかく使うことが不可欠なのです。

　手を使うとスイングで生じる遠心力によってY字は崩れますが、それが正しい姿。スイング的にはY字のまま振れるほうが不自然です。

　ただ、現実的には肩と腕でできる三角形も終始キープできるわけではありません。バックスイングからトップへの過程では前腕部の回転を伴いながら右ヒジが曲がり、フォローからフィニッシュでは同様に左ヒジが曲がります。この間はアドレスのように三角形がキープできず、三角形に歪みが生じるからです。

　キープできるとすれば両ヒジを結ぶラインを底辺とし、グリップエンドを頂点とする三角形ですが、この三角形を崩さずに振るには、腕と肩でできる三角形をキープするイメージをもつのが有効です。

　いずれにしても**Y字をキープするのは間違い**。手首の関節を柔軟に使い、手首もヒジもガチガチに固めず、ある程度ゆるんだ状態にしておけば、クラブの動きを妨げず、結果的に三角形がキープされます。

肩と腕でできる三角形はどうするのか？

肩と腕でできる三角形はキープしますが、そこにクラブが加わった"Y字"を崩さないように動くのはダメ。これだと手首の関節を固めて打つことになります

バックスイングからトップへの過程では前腕部の回転を伴いながら右ヒジが曲がり、フォローからフィニッシュでは同様に左ヒジが曲がります。実質的に三角形は歪みますが、キープするイメージをもつほうがスイングには有効です

第4章
Lesson 4

振り子とゴルフスイング❷
腕振り子の構築
上手い人はちゃんと振り、
下手な人は
ちゃんと当てようとする

ゴルフスイングにはふたつの振り子が共存している

ゴルフクラブの機能を引き出すには、グリップ支点に加えてもうひとつ、腕を振るための支点も必要です。

すでにお話ししたグリップ支点の振り子では、グリップの内圧変化を伴ってクラブヘッドが時計の振り子のように動きますが、これから説明する振り子運動は、体のどこかが支点になり、両腕が振り子のように動きます。

もちろん、同時にクラブの振り子（グリップ支点の振り子）も動きます。つまり、**スイングではふたつの振り子が同時に稼働するのです。**

そこで、ここからは便宜上グリップ支点のクラブの振り子を、**「第一振り子」**、これからお話しする体に支点がある腕の振り子を、**「第二振り子」**と呼ぶことにします。ふたつがシンクロすることで、ゴルフクラブはその持ち味を最大限に発揮します。

実のところ、プロが、「クラブを振り子のように動かす」と話す場合の振り子は、第二振り子を示していることが多いと思います。

なぜなら、プロにはグリップ支点でクラブを振り子のように動かしている意識がないから。子どもの頃からクラブを振っているプロは、無意識下で第一振り子が働いているためスルーしてしまうのです。

このようなゴルファーは、**"手の偏差値が高い"**。グリップでクラブを固定したり、抑え込んでしまっている人は**"手の偏差値が低い"**。いうまでもなく、第3章を読んだみなさんは手の偏差値が高くなりはじめています。

さて、第二振り子ですが、この支点については厳格に、「ここ」というポジションはありません。わかりづらく感じる方は、ひとまず頸椎と脊椎の間（背中側の首のつけ根）、もしくは左肩に支点をイメージし、ここを中心に腕が左右に動く振り子をイメージしてください。

第二振り子は第一振り子に比べるとわかりやすいので、すでにできている方も多くおられます。聞き慣れている方も多いと思いますが、「頭を動かさずに振る」という教えは、第二振り子の支点をキープするのに役立ちます。ただ、頭をがっちり固定すると動きづらくなるので、何となく意識する程度でいいでしょう。

「第一振り子」と「第二振り子」

スイングはふたつの振り子が同時に動くイメージの運動です。ひとつは第3章でお話しした、グリップを支点とするクラブの振り子運動。もうひとつは、体のある部分を支点として腕を振る振り子運動です。本書では便宜的に前者を「第一振り子」、後者を、「第二振り子」と呼びます

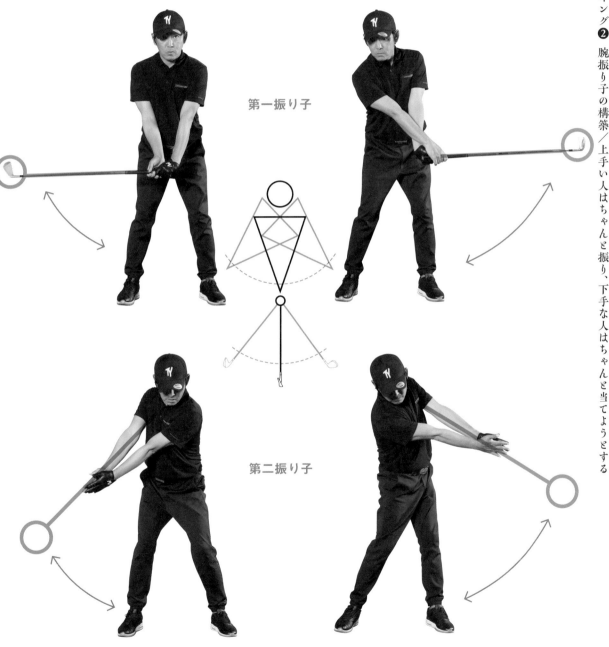

第一振り子

第二振り子

スイングに欠かせない"行き別れ"。
切り返しでクラブを押すとスイングは破綻する

　首のつけ根などを支点に両腕が左右に動く振り子運動は、軽く前傾して真下に垂らした両腕を、左右にブラブラ揺さぶる動き。両腕の重さは成人男子で7〜8キロほどあるといわれますが、支点を設けてこの重量を左右に揺さぶります。

　それだけの重量がある腕ですから、その振り幅を徐々に大きくしていくと胸（胸郭）が動き、上半身が動き、やがては重心移動も入って下半身までが動きはじめます。腕を振ることが全身を動かすスイッチになるわけです。

　ところが多くのアベレージゴルファーの方は、このシンプルな腕の振り子を有効に使えていません。理由はひとえにクラブフェースをボールに当てにいくからです。

　テークバックからバックスイングで振り子を右に大きく振り出せても、ボールに当てにいってしまうと切り返しでクラブを「押す」動きが入ります。

　ここでクラブを「押す」と、コッキングされていた手首の角度が解けてクラブヘッドがターゲットと反対方向に動きはじめます。こうなったら一巻の終わりでスイングが破綻します。

　なぜかといえば、本来ならスピーディーに左へ振れる腕の振り子を止めてしまうから。切り返しで押すことでクラブの重心をコントロールできなくなります。急にクラブの重さがかかるため、振り子にブレーキがかかって左に振れなくなる。7〜8キロの振り子が急停止するのですから体は止まって当然です。また、手首の角度は一度解けたら元に戻らないのでインパクトで詰まり、すくい打つ格好にならざるをえません。

　対策は簡単で、**切り返しでもクラブを「引き」続け、切り返しでクラブと「行き別れ」ることです。**

　少し巻き戻して説明しましょう。テークバックからバックスイングで、グリップの内圧変化を伴いつつクラブを引っぱる、すなわちクラブの重心をコントロールできると、やがて切り返しを迎えます。

　振り子が慣性によって動き続けるのと同様、スイングにおける第二振り子も動き続けますから、トップポジションでクラブが停止することはありません。止まっているように見えるプレーヤーもいますが見た目だけで、クラブには慣性が働き続けています。

　切り返しでクラブを「引く」ということは、慣性力によってクラブが動き続けるのとは逆方向にクラブを動かすこと。ブランコを加速させるときは上がっている逆の方向へ力をかけますが、スイングではこれが切り返しで「引く」ことにあたるわけで、こうす

るとクラブが置いてきぼりの感じになります。これが"**行き別れ**"。これさえできれば第二振り子である腕はいくらでも振れます。

　この動きを体感するには、右手一本で持ったクラブをターゲット方向に投げるイメージが有効です。投げずにその動きをやってみても、行き別れの感じがわかっていただけると思います。

　第二振り子も自然な運動です。止めるほうがよほど不自然ですから、基本的には本能に任せ、腕を振ってクラブを引っぱり続けることが大事です。

　よく、「スイングでは下半身が重要」といわれます。全身運動であることを考えればその通りでしょう。しかし、どの程度重要なのかはスイングを習得してから感じればいいことです。子どもたちは、「下半身で振ろう」などと考えなくても自然にスイングを習得できているのですから。

\\ 行き別れ //

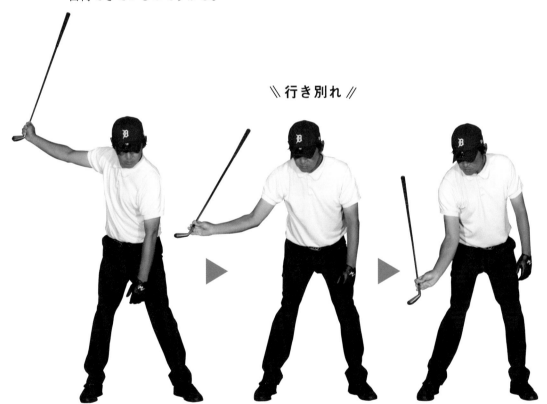

切り返しでも引き続け、切り返しでクラブと「行き別れ」る

トップポジションでもクラブは止まらず、慣性力が働いて動き続けています。その最中にクラブを引き、慣性力とは逆方向にクラブを動かすのが切り返し。クラブが置いてきぼりの感じ、つまり"行き別れ"になります。これはスイングに欠かせない要素です

第二振り子はハンマー投げのイメージ

　クラブに限らず何かを持ってビュンと振ると、円運動をする先端部分に慣性が働いて、円の外方向に向かう力が働きます。これが遠心力です。

　先端部分が重いほど遠心力は大きくなります。また、クラブが長くなっても同様です。**第一振り子が生み出す遠心力に、第二振り子が生み出す遠心力が加わると相乗効果でヘッドスピードがアップします。**

　第一振り子を円運動と考えた場合、半径はクラブの長さでしかありませんが、第二振り子では腕のつけ根からヘッドまでが半径になります。遠心力は半径が大きいほどアップするので、ヘッドスピードがよりアップするというメカニズムです。

　第二振り子は、ハンマー投げをイメージするといいでしょう。

　ハンマー投げでは、両手でハンドルを握り、体ごとヘッドをグルグル回すと強大な遠心力がかかってワイヤーがピンと伸び、腕も強く引っぱられます。

　ヘッドがグングン加速したら、プレーヤーはそれに引っぱられてバランスを崩さないよう、ヘッドと反対方向に力をかけなければなりません。この力を向心力といいますが、要は**クラブと体が引っぱり合うことで、ヘッドが描く円弧が最大になり、なおかつヘッドスピードは最速になります。**

　遠心力によってグリップ内の圧力も変化します。ゆるく握っていたらヘッドが飛んでいってしまうからです。

　回転速度がどんなに上がっても、遠心力と向心力のバランスがとれていれば回転軸はブレません。軸がブレなければ支点も必要以上には動きませんから、ヘッドスピードが上がり、なおかつヘッドの軌道（＝スイング軌道）も安定します。

　また、遠心力に対して向心力が働くと、結果的にクラブヘッドの反対方向に頭がきます。すなわち、**バックスイングではクラブヘッドが右で頭が左、フォロースルーではヘッドが左で頭が右にくる格好になります。**特に遠心力が強いフォローサイドでは、この関係がハッキリわかる瞬間があります。「頭を残して打つ」というアドバイスは、この理想型を作るためのものですが、ゴルフクラブの使用条件を整えて振れば結果的にそうなります。

　とはいえ、頭はそれほど大きく動くわけではありません。第二振り子で正しく稼働すると、バックスイングでは左ワキ腹が縮み、フォローでは右ワキ腹が縮みます。側屈（サイドベンド）と呼ばれるこの動きがあるため、頭は左右に大きくは動かないのです。第一振り子と第二振り子が機能し、そこに体が連動すると、このようになるわけです。

クラブと体とが引っぱり合うことで第二振り子が機能する

ハンマー投げでは、体と一緒にヘッドを回すことで大きな遠心力がかかって強く引っぱられます。投擲者はバランスを崩さないようヘッドと反対方向に力(向心力)をかけます

ハンマー投げと同様、スイング中にクラブと体が引っぱり合うことで、スイングアークが大きくなりヘッドスピードも上がって遠心力が増大します。同時に、体は引っぱられないようクラブヘッドと反対方向に力を使います。こうしてできるのが第二振り子です

いい手打ちができると自然にタメができる

　このように話すと、「手打ちじゃないか？」と思う人がおられるかもしれません。日本のゴルフ界では、手打ちはもっぱらネガティブワード。ボディターンがいわれ出してからは特にこの傾向が強いですが、第3章で述べたように手を使わないことにはスイングできません。

　ただし、**手打ちには、いい手打ちと悪い手打ちがあります。**

　いい手打ちは手先ではなく、前腕を含む肩甲骨から先の腕全体を機能的に使えています。具体的には、プロのようにダウンスイングでクラブを引き、インパクト〜フォローで両腕のヒジから先が左に回転していく。これはウィークやスクエアグリップの人ほど顕著です。その際、左右の手首が甲側や手のひら側に大きく折れません。いわゆる**"手首の角度が変わらない"手打ち**。**"前腕打ち"**といったほうが正しいかもしれません。

いい手打ちと悪い手打ち

いい手打ち

いい手打ちは、前腕を含む肩甲骨から先の腕全体の機能を生かしています。ダウンスイングからインパクト〜フォローで、両腕のヒジから先が左に回転していきます。手首が甲側や手のひら側にはほとんど折れず、"手首の角度が変わらない"手打ちになります

　切り返しでクラブが引けると自然にタメができますから、インパクトに向かってクラブヘッドが落下する過程でスピードアップします。現象的にはインパクトがややハンドファーストになり、フェースターンもしっかり行えます。これがいい手打ち。

　これに対して**手首を合わせることに使ってしまっている動きが悪い手打ち**で、たいていは手を使わないことを強く意識するあまり、体を動かしすぎることが原因で起こるアジャストです。たとえば、ダウンスイングで左腰が開いてしまうと、"腕遅れ"になって手首がほどけ、アーリーリリースになってしまう。それが悪い手打ちです。

　悪い手打ちだとフェースターンのタイミングが悪くなったり、インパクト前にヘッドスピードがマックスになってしまいます。

　ボールを上げようとして出る"すくい打ち"も悪い手打ちの代表格。インパクトからフォローで右手首が手のひら側、左手首が甲側に折れてしまいます。

悪い手打ち

悪い手打ちはアジャスト。皮肉なことに、手を使わない意識で体を動かしすぎることが原因で起きています。"すくい打ち"も悪い手打ちのひとつ。振り遅れになってフェースが開いたり、それを補おうと手を使ってフェースを返すのも悪い手打ちです

スイングは棒振りと面合わせ。
上手い人はちゃんと振り、下手な人はちゃんと当てようとする

　さて、第二振り子について解説してきましたが、ここでもクラブが主役であることに変わりはありません。第二振り子が動き出すことで、クラブの慣性力や生まれる遠心力がスイングをリードしてくれます。

　クラブを支配しようとすると、この感覚は得られません。クラブを操るためにどう動くか、と考えるのも間違いではないかもしれませんが、使い方を習得するうえでは確実に遠回りです。ゴルフでは、それほどクラブの役割が大きいのです。

　多くのアベレージゴルファーがクラブに動かされる感覚を失ってしまうのは、ボールが止まっているにもかかわらず、上手く当たらないからです。

　野球やテニスでは、飛んでくるボールを見て一瞬で判断を下し、スイング軌道をアジャストして打ち返します。動くものに対して動いて対応するわけです。

　幸い止まっているボールを打つゴルフではそうする必要がありません。でも、ボールは小さく、フェース面は狭いので不安になって当てにいく。ゴルフクラブの原理とそれにのっとった原則（クラブの使用条件）がわかっていれば、棒を振るだけでいいのにもったいない話です。**上手く打てる人は、「ちゃんと当てる」のではなく、「ちゃんと振る」。下手な人は、「ちゃんと当てよう」とし続けます。**まずは棒振りで次に面合わせ。これが正しい順序です。

　連続して素振りをしてからだと、止まったボールでもポンポン打てます。自分で何とかしようとするのをやめたことで振り子の支点が決まってくるからです。「何も考えずに振っている」とプロがいうのは、スイングの多くの部分をクラブに委ねているからに他なりません。目をつむっても打てるのは、それができている証拠といえるでしょう。でも、これは難しいことではありません。ふたつの振り子を機能させれば誰にでもできることです。

棒を振れるようになれば
面合わせもできてくる

ボールを上手く打てる人ほど、ちゃんと当てずにちゃんと振っています。野球ではバットをしっかり振らないとボールが飛びませんが、ゴルフスイングでもまず必要なのはそれ。これが正しくできるとテニスでラケットの面でボールを打つように、面合わせもできます。原理原則がわかれば、棒を振るだけでいいことがわかります

第5章
Lesson 5

ハンドファーストが
正しい理由

二つの振り子の融合

スイング中プレーヤーは終始クラブを引き続けている

手の中のどこかを支点としてクラブが動く振り子と、体のどこかを支点として腕全体が動く振り子。ゴルフクラブの重心をコントロールしつつ、これらふたつの振り子を融合させることがゴルフクラブの性能を100％引き出すのに必要なことです。

この一連の動作を分析すると、あるひとつの事実が浮き彫りになります。それはすでにお話ししてきた通り、**スイング中にプレーヤーが終始クラブを引き続けている**ということです。大事なことなので、ここでその全貌をおさらいしておきましょう。

スイングの始動で文字通りクラブを引くと、手元が先に動き、クラブヘッドが幾分遅れて動く感じになります。ただし、テークバックからバックスイングを経てトップポジションに至る過程、いわゆるクラブの上げ方は自由度が高いので、ノーコックで上げるプレーヤーもいればコックを早めに入れてクラブを跳ね上げるように動かすプレーヤーもいます。もしそこで行き詰まっていたら、クラブを引くことだけ考えて上げればOKです。

切り返しではクラブを押さない。引き続けて行き別れを作る

上げていく時点で引けていれば、慣性力がつくのでクラブは勝手に上がりますが、**ポイントは切り返しでの"行き別れ"。クラブが上がっていく途中で引き下ろすことです。**

手の中に第一振り子の支点がある（＝手の偏差値が高い）状態ならばこれができます。始動時と同じようにトップポジションでクラブが一瞬置き去りになり、クラブを引く準備ができます。トップポジションで完全に止まってしまうと行き別れができないので、動き続けることが大事。また、フェースをボールに当てにいくと十中八九このタイミングでクラブを押すことになります。必然的に切り返しで行き別れできずに手首の角度が解けて、アーリーリリースになるためスイングが破綻します。

逆に**行き別れることができれば、バックスイングでクラブがどこに上がっていようとダウンスイングでは同じところに下りてきます。**これがあなたにとってのオンプレーンスイングになり、そのまま引き続ければダウンスイングではまるでプロのようなタメができます。引き続けられるということは、手の中の支点が機能しているということですから、インパクトに向かっては重力に従って重いクラブヘッドが下りてきます。

クラブは「引いて、引く」！

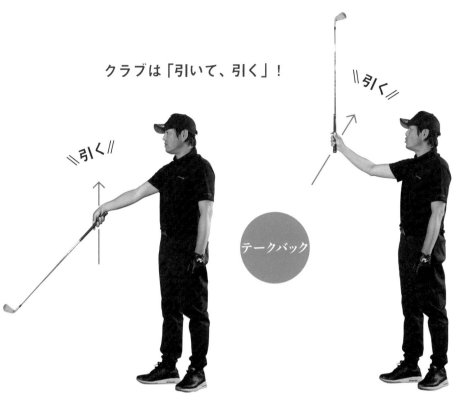

テークバック

クラブの上げ方は自由度が高いので、どうテークバックするかなどと考えなくて構いません。クラブを引くことだけ考えて上げればOKです

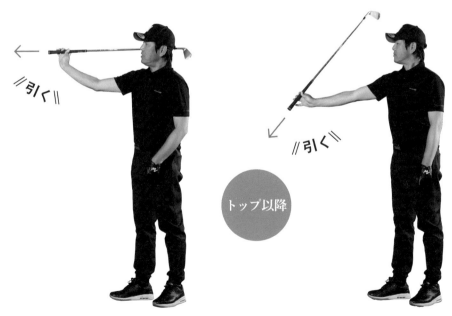

トップ以降

トップポジションで完全に止まると"行き別れ"ができないので動き続けること。"行き別れ"ができれば、バックスイングでクラブがどこに上がっていようと、クラブは同じところに下りてきます

スイングは切り返しで8割決まる

　繰り返しますが、ゴルフスイングを振り子運動に落としていった場合に、一番大切になるのは切り返しです。**結果的にいいスイングになるかどうかは、8割切り返しで決まると私は思っています。**

　ボールなどの物体を前方に投げるイメージをもってください。近くに投げる、遠くに投げる、ちょっと右に投げる、左に投げるなど、距離と方向をコントロールし狙ったポイントに投げようとした場合に、それを決めているのは切り返しで、あとはリリースされるだけです。

　ゴルフクラブにもいえていて、距離をコントロールする場合には切り返しのタイミングが変わります。クラブによっては力加減も変わります。たとえば長くて大きくしなるドライバーは間延びするので、飛ばそうと思ったら切り返しで少し力んでもいい。また、アプローチで距離の強弱でも変わります。

　とはいえ、いずれにしても切り返しのタイミングでクラブを引っぱり、クラブと行き別れることが絶対条件。ゴルフクラブが止まっている状態から一旦バックスイングに向けて動きはじめると、クラブは手元に対してどんどん動き続けます。これが慣性力で動き出したら止まらないのは本来の摂理です。

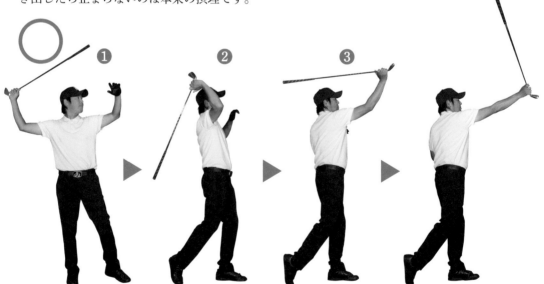

切り返してクラブを引き戻すと行き別れになる

写真の❶～❸では左方向に動くクラブに対して右方向に手を動かしています。この手を右に動かしはじめるタイミングが切り返し。ここで手の中でクラブを引き戻せると行き別れができます。手の中で引／

切り返しはスイングの中で一番エネルギーを使うタイミング

正しい切り返しは、スイングの中で一番エネルギーを使うタイミングでもあります。慣性力で動いているクラブを止めることなく逆方向に力をかける、いわばUターンするようなものですから、それなりにエネルギーが必要です。長くてしなるドライバーで力んでもいいというのは、こういうことでもあるのです。

何度もいいますがクラブを引くのは手の中です。手の中で引き戻すのが行き別れがある状態。引けている人はインパクトに向かって手元が下がってきますから、お尻が前に出る動きもなくなります。また、慣性力はクラブをギュッと握っていても発生します。アプローチなどで体を固めて打っているように見えるプロもいますが、ちゃんと行き別れがあるのです。

これに対して慣性力を手の中で吸収すると、クラブが止まった状態になります。そこから、「さあ下ろすぞ！」とやると押す動きが入ってくる。ダウンスイングで手元が浮き、アーリーリリースのみならずアーリーエクステンションにもなります。

行き別れはシンプルに"犬の散歩"からはじめると作れるようになります。行き別れを気にしていただくと必ずスイングは変わるので、まずは切り返しに特化して練習してみましょう。

■動画で解説

＼き戻せないと117ページの写真のようにクラブと手が同方向に動いて切り返せず、行き別れも発生しません。アーリーリリースやアーリーエクステンションになるのはこう動くからです。

スイングが難しいのは両手がケンカをするから

いきなりですが、ゴルフクラブが機能的に動きづらくなってしまうのは両手で振るからです。

面でボールを打つテニスや卓球は片手でラケットを振ります。テニスでは両手打ちもしますが、片手打ちに比べると操作性に劣り、両手のバックハンドは打ち返すのがかなり難しくなります。

ゴルフスイングは終始両手打ちです。ボールは止まっていますが、打面が狭いため極めて難しいといえます。

なぜ両手で打つと難しいのでしょう？　それは両手がケンカをするからです。

90ページでお話ししたように、正しくクラブを使えると、物を投げるときのようにスイング中にヒジから先の前腕部が回ります。遠心力が加わってスイングスピードがアップするダウンスイングからインパクトでは、左右の前腕が左に回るわけですが、ここでケンカが勃発するのです。

人間が力を出そうとするときには、前腕部を内側に回します（回内）。野球のピッチャーは手からボールを手放す瞬間に前腕を回内しますし、ボクサーがパンチを繰り出す瞬間にも前腕の回内が入る。右前腕は左、左前腕は右に回るのが自然です。

そこでインパクト近辺の前腕部に着目すると、右前腕は素直に回内すればいいので問題ありませんが、左前腕は左に回さなければなりません（回外）。ダウンスイングからインパクトで力が入った場合に本来の反応ができないのです。

左前腕が素直に力を出すと、インパクトに向かって左手甲が前を向いてフェースが開く方向に作用し、右前腕は左に回内してフェースを閉じようとします。これが両手がケンカをしている状態。右手が勝つとフェースは左、左手が勝てば右を向きます。フェースを真っすぐ動かそうと左手が力むほど左前腕の回内を助長してフェースが開き、右に飛ぶことになるのです。

スイング的には左前腕は力を出す方向に使わないのが正解で、これは両手がケンカをしていない状態。身体機能的には自然な動きでも両手で振るスイングではNGというわけです。

力を出そうとすると前腕部が内側に回る

人間が力を出そうとする場合に前腕部を内側に回します（回内）。ボクサーのパンチでも前腕が回内します

仮にクラブを前方に投げるとしたら、誰もがリリースする瞬間に前腕を回内します

"手の偏差値" を高めてクラブ主導にするとケンカがなくなる

タイガー・ウッズでも両手のケンカでミスをすることがあります。時折ドライバーでプッシュアウトしますが、トッププロでも瞬間的に力みが生まれ円弧が崩れるときがある。飛ばそうとして力んだときに、左前腕の回内が入ってタイミングが狂うのです。スイングが詰まったり、ヘッドが走らないときも両手がケンカしている可能性が高いといえます。

両手のケンカが原因のミスは、ほかのプロセスでも発生します。たとえば、テークバック以降で左手に力が入ると、左手は回内します。右前腕が右に回っていればいいですが、力が入っているから左に回る。すると左手首が甲側に折れてフェースが開き、トップでクラブがクロスします。

バックスイングで右ヒジが外側に上がるフライングエルボーもそうです。要はトップの形を気にしたり、タメを作るなど、形を優先させてスイングすると、動いたときに両手がケンカしやすくなる傾向にあるのです。

プロが、「腕の力を抜く」というのは両手のケンカをなくすためでもあります。力を抜いてクラブ主導にすることでケンカを防げます。

ただ、第一振り子が機能していると、両手がケンカをしても目を覆うほどのミスにはなりません。

すでに述べたように、第一振り子は手首と前腕の動きから成ります。基本的には左右の前腕部が左に回りながらインパクトに向かうので、打ち損じ程度ですみますし、右手を放すなど窮余の一策で凌げてしまうこともあります。

繰り返しますが、**ケンカの原因は左右の前腕がともに内側に回ること。特に左腕の力みが原因を作りやすいです。**上手い人のスイングにはこの争いがなく、常に右前腕の回外と左前腕の回内、左前腕の回外と右前腕の回内、という組み合わせで動いています。

両手がケンカをするとこうなる

トップポジションでクラブがクロスして止まってしまいます（写真左）。また、ダウンスイングでは左腕が詰まってすくい打ちになります（写真右）

回内と回外の組み合わせなら両腕はケンカしない

両腕がケンカをするのは、左右の前腕がともに内側に回るからです。上手い人のスイングでは、右前腕の回外と左前腕の回内、左前腕の回外と右前腕の回内という組み合わせで動いています。これは腕の力を抜くことで実現します。いいかえれば腕をクラブに委ねるということです

右手一本で振ると"行き別れ"になり勝手にタメができる

（注：左利きの方は「左手一本」になります）

　片手でクラブを扱うとスイングはとてもやさしくなります。

　アベレージゴルファーの方のレッスン会でアプローチの練習をしたとき、ボールを打ったあとに球拾いをしていただいたことがあるのですが、そこではみなさんが右手一本でサンドウエッジを持ち、ボールを次から次に打って、ひと所に集めていました。ビギナーの方でさえ上手に打てるのです。

　これはもっともな話で、**両手でクラブを振ると前述のケンカ問題が持ち上がりますが、右手1本ならそれはない。力でクラブをコントロールしようとしても片手では無理なので、腕が余計な動きをせずクラブが自然に動くのです。**

　多くのアベレージゴルファーができないと悩む、いわゆるダウンスイング時の"タメ"もオートマチックにできます。

　右手1本ならなるべくクラブが負担にならないように動こうとします。その本能に従って切り返し以降では手首の角度を保つ、つまり"行き別れ"の状態になってコックを解かずにクラブを引き続けられる。こうするとプロのような自然なタメができるのです。

スクエアグリップの右手一本スイング

　タメができない人はボールにフェースを当てにいっていますから、早いタイミングでコックが解けます。行き別れができずにアーリーリリースになりますが、右手一本でこうなると、とても振りづらくヘッドも走らない。そのため勝手にタメができるというわけです。

ストロンググリップの右手一本スイング

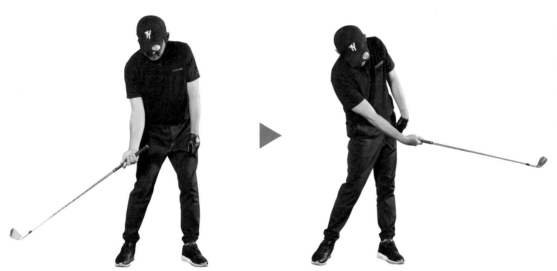

ウィークグリップの右手一本スイング

左手一本で振るとフェースターンがスムーズになる

（注：左利きの方は「右手一本」になります）

　では左手一本で振るとどうでしょう。

　やっていただくとわかりますが、かなり振りづらいと思います。ただ、それは利き手と逆の手だからで、クラブの重心をコントロールできると、かえって無駄なくスムーズに動けます。

　利き手と違って器用でない左手は、負荷がかかるほど動かしづらくなりますから、なるべく腕に負荷をかけないようにしたい。その本能に従って動くとテークバックではあまりフェースを開かず（グリップによって多少変わります）、そのまま上げ続けるとフェースが開いてきます。そして、腕を振っただけではクラブは高い位置まで上がらないことがわかります。

　両手のスイングでは、腕の振りに体が連動してクラブがトップポジションに達するわけですが、それにしてもみなさんがイメージしているほどクラブは高い位置に上がりません。これはアベレージゴルファーの方の多くが、本来必要のないアクションでクラブを無駄に高い位置まで運んでいることを意味しています。

　左手一本で振るポイントもやはり切り返し以降で、何も考えずに腕を振ってクラブを下ろしてくると、クラブの慣性力とは逆方向にクラブを引っぱる形になって"行き別れ"になります。あとはそのままクラブを引き続ければOK。グリップの内圧変化を使えば、利き手ではなくてもクラブが正しい軌道にリードしてくれる。力を入れづらいがゆえにそうなりやすいのです。

　これが両手になって、ダウンスイングからインパクトのタイミングで力を出そうとすると、前述したように左前腕が回内して両手がケンカをはじめフェースターンがしづらくなります。ボールにフェースを当てにいった場合も同じことが起こっていると考えられ、その結果すくい打ちになります。クラブヘッドが下から上へと動くのがすくい打ち。インパクト前に力が入り、左前腕が回内すると手元が浮いてこうなります。

　グリップによって違いますが、多かれ少なかれインパクト前後では左前腕が回外します。そうなるとインパクトで手元が浮かず、力の出る下方向にクラブヘッドが抜けていきます。するとパワーが漏れなくボールに伝わり、フォローも低く長くなってダウンブローに打てます。

　「スイングは左手で振る意識」と多くのプロはいいますが、これは左前腕が回外することでフェースがターンしてスムーズに振り抜けることを示唆しており、上達する過程

で誰もが必ず通るプロセスといえます。

　利き手は誰もが速く振れます。利き手とそうでない手一本では、ヘッドスピードにして10m/sくらい利き手が速いというデータもあります。飛ばすにはクラブを速く振らなければなりません。そのスピードに左手が同調できないことも、両手がケンカする原因だと考えられるのです。

左手一本でスイングする

軌道から外れることなくクラブヘッドを走らせます。左手一本なら手首が折れることはなく、フェースがターンしてヘッドがポジションに振り抜けます

グリップ支点を左に移動して第一振り子を稼働

　さて、第一、第二、ふたつの振り子がどのようにシンクロすれば、片手ずつで振ったように腕が上手く機能するのか考えてみましょう。

　スイングでクラブがはらんだエネルギーを余すことなくボールに伝えるには、クラブヘッドが加速しながらインパクトを迎えなければなりません。いいかえれば、クラブヘッドが下降する過程でヒットするということです。

　腕力がない子どもの頃にクラブを振っていた人は、第一振り子を使う感覚が備わっているため、第二振り子の使い方をレッスンすると、あっという間にスイングが完成します。

　なぜかといえば、第一振り子がヘッドスピードを生む加速装置だから。肝心要のものが備わった前提でスイングの弧を大きくできますから、習得過程で無駄が生じにくいのです。

　グリップ支点を固めると加速装置が使えません。また、ボールに当てにいくと振り子は止まります。この二点は常に留意するべきポイント。大事なことなので繰り返させていただきます。

　第二振り子が稼働すると腕が左右に振れ、連鎖反応で体が動きます。当然、第一振り子の支点であるグリップも移動します。正しく振れれば第二振り子の支点は大して動きませんが、第一振り子のグリップ支点はかなり移動するのです。

　ここで重要になるのが、どのポジションで第一振り子の機能を最大限に発揮させるか。いいかえるとグリップ支点をどこで機能させるかです。

　結論からいうと、**プロや上級者は、自分から見てギリギリ左側（ターゲット方向）にグリップ支点を運んでから第一振り子を稼働します。**一般的にリリースと呼ばれているアクションです。

　こうするとクラブヘッドが描く軌道の最下点は、自分の真下よりもやや左になります。ボールポジションが左右センターだとすれば、ヘッドが最下点に至る直前でボールにコンタクトすることになる。つまり、ヘッドが最大限に加速する下降過程でボールをとらえられるわけです。

　小難しく説明しましたが、はじめからお伝えしているように、棒を振る、釣竿でキャストする、インパクトバッグを引っ叩く、といったことをすれば体は勝手に動くのです。

どこでグリップが支点の
第一振り子を稼働させるか

プロや上級者ほど、左にグリップ支点を運んでから第一振り子を稼働させています。ギリギリまで手首を解かず、一気にリリースするわけです。クラブヘッドの最下点は自分の真下よりもやや左寄りになり、ヘッドが最大限に加速するところでボールをとらえます

ハンドファーストはクラブの
物理的な効率を追求した結果の産物

　このロジックは、ゴルフクラブ目線から見ても非常に有効です。

　クラブヘッドの重心はヘッドの内部にあるため、フェースをややかぶせると重心バランスがとれた状態になると述べました。しかし、それではフェースが左を向きますから、そのまま当たるとボールは左に飛び出します。

　真っすぐに近い角度で打ち出すには、フェースを目標方向に向ければいい。そこでやってみると、グリップ支点が左サイドに移動し、第一振り子の稼働位置と重なります。ゴルフクラブの重心をコントロールするという意味でも、この位置でリリースすること

ハンド
ファースト

インパクトでハンドファーストになる必然性

重心をとって、クラブを持ってから左を向いたフェースを目標方向に向けるとハンドファーストになります、これがインパクトの形。クラブの物理効率を追求すると、ハンドファーストでボールをとらえることになります。これに対し、クラブヘッドがグリップを追い越してボールにコンタクトするのが／

は理にかなっているのです。

　すでにお気づきと思いますが、これはいわゆる**ハンドファーストのインパクト**です。このことからもハンドファーストは作るものではなく、クラブの物理的な効率を追求した結果の産物であることがおわかりいただけるでしょう。ちなみに**名手と呼ばれるプロ達は若干のハンドファーストでボールをとらえています。**

　ハンドファーストに対し、クラブヘッドがグリップを追い越してボールにコンタクトする形をハンドレートといいます。ダウンスイングの早いタイミングで手首が解けると、アーリーリリースになってヘッドがグリップを追い越しますが、動きの質だけ見ればどちらも同じ。どれだけ第一振り子の稼働を遅らせられるかで、ショットは見違えるほど変わるということです。

ハンド
レート

＼ハンドレート。グリップを支点とする第一振り子を稼働させるタイミングが早いと、いわゆるアーリーリリースになりインパクトでハンドレートになります

インパクト直前までグリップがヘッドより先行

ハンドファーストで打てない原因はほかでもなく、切り返しからクラブを押してフェースをボールに当てにいくからです。

「当てたい」と思うほど押す動作が入り、リリースが早くなります。見た目には手首の角度が解けて伸びる格好になる"悪い手打ち"のため、「手を使って打っている」と指摘されることが多いと思いますが、プレーヤーにはその意識がないのでピンときません。

第一振り子を正しく稼働させるグリップ支点の位置をゴールラインと考えると、先にグリップがゴールインするとハンドファーストに、先にクラブヘッドがゴールインするとハンドレートになるわけです。

ですから、**グリップとクラブヘッドは一緒に動かしてはいけません。インパクト直前まではグリップが先に動かなければならないのです。**

これを確実なものにする重要なファクターがコッキングです。コッキングについては、もっぱらバックスイングで重要視されますが、**本当に大事なのはダウンスイングでコックした状態を保つこと。**ノーコックでバックスイングするプロゴルファーもいますが、ダウンスイングでは必ずコッキングを保っています。

とはいえ、コッキングを保ちましょうという難しい話ではありません。**ダウンスイングでもクラブを引き続ければいいだけだからです。**深くコッキングした状態で第二振り子が稼働すると、グリップが先行してクラブヘッドが遅れて下ります。そのまま先にグリップをゴールインさせ、グリップが第一振り子の支点として機能すれば、オートマチックにヘッドが遅れてゴールインしてハンドファーストのインパクトになるわけです。

ダウンスイングにおけるグリップとクラブヘッドの落下速度の差は歴然で、圧倒的にヘッドが速い。ダウンスイング時にコックを解かずにしっかりタイムラグを作り、グリップを先にスタートさせないと、あっという間にヘッドがグリップ支点を追い越してしまうのです。

ゴールインする前にヘッドがグリップを追い越すとフリップ動作を招いてすくい打ちになり、手首の関節を固めていると支点の機能そのものが失われてフェースが開いたままインパクトしてしまいます。

引き続ければ
ハンドファーストになる

行き別れからクラブを引き続けられると、アーリーリリースになりません。そこからギリギリまで第一振り子の稼働を抑えることで、グリップがヘッドより先行、ヘッドが遅れて自動的にハンドファーストのインパクトになります

スイングプレーンをなぞろうとするほど逆効果

ダウンスイングでグリップを先行させ、グリップから先にゴールインさせるとクラブシャフトの機能も生かせます。

とはいうものの、**シャフトを生かす動きは、そもそも誰もができるアクションです。**布団たたきで布団をパンパン叩いたり、ハエたたきを使うように、柄をしならせて先端部を走らせる動きだからです。

スイングになるとできなくなってしまうのは、上手くボールに当たらないと思うから。インパクト前後でクラブがちゃんと動けばいいのですが、すぐには上手くいきません。するといろいろなことを考えたり、情報を取り入れたりして、どう動けばいいか試行錯誤しはじめる。クラブを支配しようとしてしまうのです。

スイングプレーンをなぞろうとすることもそのひとつで、なぞろうとするほど上手くいきません。理由は切り返しで押し動作が入るからです。

切り返しからクラブを引ければ行き別れができます。さらに引き続けることで、クラブの重心をコントロールできますから、クラブはオートマチックにプレーンに乗ります。押し動作は、いわばクラブを牛耳ろうとする動き。その意図はなくても結果的にはそうなってクラブの重心をコントロールできないためプレーンを外れます。

また、押し動作が入るとクラブのスピードも落ちます。クラブのような特殊な道具を使ってゆっくり動いたら再現性も低くなる一方。この場合の再現性とはオンプレーンになること。ヘッドスピードが上がらず飛ばないという弊害もあります。飛ぶスイングは例外なく悪いスイングではないのです。

ただ、ボディモーションがゆっくりに見えるのはありです。実際、プロゴルファーはみんなクラブヘッドの運動量に比べて体が動いていないように見えます。

クラブを上手く使うとはこういうことで、これによりシャフトがしなります。プロのスイングを見ると、バックスイングでクラブが上がっていきながらも体や手がダウンスイングに転じているように見えます。瞬間的に逆の動きをすることで、シャフトが大きくしなることを心得ているのです。プロのダウンスイングからインパクトの動きがみんな同じなのは、このためでもあります。

クラブを引き続けることがオンプレーンスイングへの近道

スイングプレーンをなぞるようにスイングすると、切り返し以降で押し動作が入り、クラブの重心コントロールができません。ゴルフクラブのような特殊な道具を振り再現性を高めるには、なぞるように振らず、何かを引っ叩くような要領でクラブを引き続けて下ろしてくるのがポイントです

■動画で解説

スイングは終始オンプレーンである必要はない

スイングについて語るとき、必ず出てくる言葉に"スイングプレーン"があります。クラブが正しい軌道で動いたときに、ヘッドが描いた円を"面"としてイメージしたものです。

終始一枚のプレーン上を動くわけではありませんが、プロはほぼプレーン上をクラブが動きます。とりわけダウンスイングではクラブがプレーン上に導かれ、インパクトではアドレス時とほぼ同じライ角でヒットする。いわゆるオンプレーンスイングになります。

ですから、バックスイングからトップでは、クラブがプレーンから外れるプロもたくさんいます。トップでヘッドが体寄りに入ってきて"クロス"する人、あるいはヘッドが左側に垂れてオーバースイングになる人もいます。後者は、体や肩まわりの柔軟性が高い女性ゴルファーに多く見られます。それでもちゃんとボールが打てるのですから、**スイングははじめから終わりまでオンプレーンである必要はないのです。**

何がいいたいかといえば、トップの形やポジションは、ショットの成否を決定づけるファクターではないということ。**決定打になるのは切り返しで、クラブがどこに上がっても切り返しさえ上手くいけばインパクトに向かう過程でオンプレーンになります。**

変則的なスイングに見える割にはショットが曲がらないアベレージゴルファーの方がおられますが、そんな人ほど見えないところが正しく動いています。つまり、人と変わって見えるのはバックスイングやトップ、フィニッシュであって、切り返しからインパクト～フォローにかけては、ちゃんとオンプレーンなのです。

もちろん、プロのように振れれば理想的かもしれませんが、そんなアベレージゴルファーはほとんどおらず、大なり小なりクロスしたり、オーバースイングになります。

そこを修正してオンプレーンスイングになればいいように思えますが、そう単純ではありません。人によっては、その動きでタイミングを計っているかもしれませんし、オーバースイングのほうがヘッドスピードが上がる人もいます。それでリズムをとる人もいるでしょう。

そんな人たちがオンプレーンにこだわりすぎるとスイングが破綻する危険に晒されます。ならば枝葉末節にはこだわらず、必要なところだけオンプレーンになればいい。そしてこれを実現するには、自分がどう動くかより、クラブがどう動けばいいかを考えるほうがはるかに合理的です。

そこで役立つのが振り子の考え方。振り子は人が手を加えない限り、ずっと同じ軌道

上を動きます。まさにオンプレーンなわけで、振り子のイメージでクラブを動かしたければ、チャンバラでおもちゃの刀を扱うようにクラブを振ればいい。決して難しいことではないはずです。

　不思議なもので、そう考えるとスイングも安定してきます。また、肝心要の部分に集中できるせいか、フェースターンを使って低く長いフォローが出せるようにもなってきます。飛距離が出る人は十人が十人、インパクト近辺でオンプレーンになっています。実践でもチャンバラのようにクラブを使っているのです。

**インパクトに向かって
オンプレーンになればいい**

平らなライではテークバックやバックスイングを普通に上げられても、急傾斜な深いラフでは簡単にいきません。でも心配なし。クラブがどこに上がろうと、インパクトに向かってオンプレーンになればボールは打てます。テークバックやバックスイングを気にすることにはあまり意味がない。実戦のラウンドならなおさらです

いいスイングとはインパクト前後で
クラブが安定した円弧を描けるスイング

　いいスイングとはどんなスイングだと思いますか？　私はインパクト前後、ビジネスゾーンなどとも呼ばれますが、このプロセスでクラブが安定した円弧を描けるスイングだと考えています。

　広い意味では、いかに狙った球筋、ボールを打てるか、ということになりますが、これは基本的には"犬の散歩"でグリップがクラブを引っぱっているだけ。なぜかといえば、偏重心の物体を安定して動かしやすい、いわば物理の原則だからです。

　そこでみなさんにやっていただきたいことがあります。右足の外側にクラブヘッドを置きグリップで引っぱります。このときクラブを地面にソールしたまま引っぱり、引っ

地面でクラブを引きずって円弧を描く

右足の外側にクラブヘッドを置きグリップで引っぱりましょう。クラブを地面にソールしたままズルズルと引っぱり、引っぱり切れたところで左方向にクラブを投げるようにサッと動かします。このように／

ぱり切ったら左方向にクラブを投げるように動かします。こうすることで自分のグリップに対して一番スクエアなフェース面の使い方がわかります。

ボールを打つときにもこの円弧をイメージすればいい。クラブヘッドの残像をなぞるようにスイングすればいいのです。自分自身がズレないよう中心を確保したままクラブを引っぱることでインパクトゾーンの意識が高まり、インパクトエリアでクラブがイン・トゥ・インに動くことが理解できます。右手、左手の順に片手ずつやり、最後に両手を合わせてもいいでしょう。ただ引っぱるだけで体が動くこともわかります。

これをやると"面合わせ"のやり方もわかります。すなわちドローを打ちたければフェース面を閉じていく要素が加わり、フェードならちょっと開いていく要素が加わるというわけです。同じなのは、このためでもあります。

■動画で解説

＼な軌道でクラブが動くのが、自分のグリップに対してもっともスクエアなフェース面の使い方になります

137

"27メソッド"でクラブ意識を高めスイングを変える

　トップをカッコよくしたり、アドレスの姿勢を整えたり、体をしっかり回すなど、多くの方がこれまでさまざまなことにトライしてきたことと思います。もちろん上手なプレーヤーの真似をすることにはそれなりに意味がありますから、そういった努力が無駄になることはありません。

　ただ、それらと並行して頭に留めておいていただきたい事柄があります。それは、結局のところ**ゴルフスイングはインパクトゾーンのゴルフクラブの動きで決まる**ということ。もっと細かくいうと、クラブフェースがボールに衝突する一瞬ですべてが決まるということです。ここでいうすべてとはボールフライトのこと。ショットはどう飛ぶかが最大のポイントで、それがイメージ通りにいけばスコアアップに直結します。要は常にラウンドを想定してボールを打つことが求められるのです。

　こういうと難しく感じるかもしれませんが、大雑把にいうと**クラブフェースとボールの衝突の仕方は27通りしかありません。**

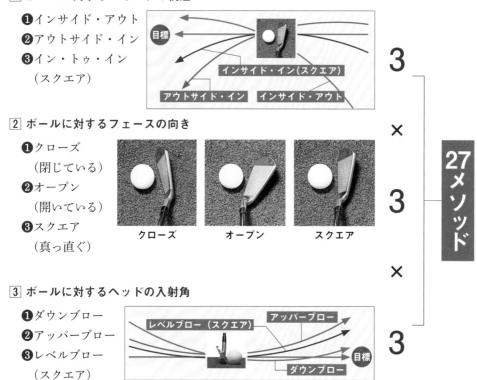

1 ボールに対するスイングの軌道
❶インサイド・アウト
❷アウトサイド・イン
❸イン・トゥ・イン
　（スクエア）

目標　インサイド・イン(スクエア)　アウトサイド・イン　インサイド・アウト

3

2 ボールに対するフェースの向き
❶クローズ
　（閉じている）
❷オープン
　（開いている）
❸スクエア
　（真っ直ぐ）

クローズ　オープン　スクエア

3

3 ボールに対するヘッドの入射角
❶ダウンブロー
❷アッパーブロー
❸レベルブロー
　（スクエア）

レベルブロー（スクエア）　アッパーブロー　ダウンブロー　目標

3

× × 27メソッド

　ボールの飛び方を決める要素は左ページの 1 2 3 の3つで、それぞれに3つのパターンがあります。

　3つの要素にそれぞれ3種類あるので3×3×3＝27というわけです。たった27通りのどれかで決まる。私はこれを"27メソッド"と名づけ、お客さんにすすめています。アプローチでもいいので、練習が好きな人は27通りをトライして、どんなボールが出るのかやってみてください。ゴルフクラブの物理を体感することでクラブ意識が高まってスイングが変わってきます。

ボールとフェースの
当たり方は27通り

スイング軌道、インパクト時のフェース向き、インパクトへの入射角の3つによってボールの飛び方が変わります。それぞれに3つの要素があるので全部で27通り。遊び感覚でいいので、これらを変えてショットを打ってみましょう。クラブとスイングの関係がわかってくるはずです

■動画で解説

第6章
Lesson 6

ゴルフクラブが導く全身運動

スイングにおける
正しいボディアクション

スイングは全身運動だが体でクラブを牛耳ってはいけない

　繰り返しになりますが、**正しいスイングを身につけるうえでやってはいけないことは、クラブを牛耳ること**です。クラブを牛耳る＝グリップで押さえ込んでしまうということ。その瞬間にゴルフクラブの使用条件は全否定され、クラブの機能を引き出す余地はなくなります。

　同様に、**アマチュアゴルファーの多くがスイング時に意識しているボディターンの発想にも、少なからず危険が潜んでいます。**

　ボディターンスイングをイメージした場合にみなさんが抱くのは、「体の正面にクラブをキープして手を使わず体と腕を一緒に回す」という感じでしょうか。

　もちろん悪いことではありませんが、これは手や腕がある程度振れている上級者にとっては有益でも、そうでないゴルファーにとってはミスリードを招くフレーズになりかねません。

　実際、「体の回転で打つ」を額面通りに実行してボールが全然つかまらなかったり、スライスに悩まされ続けているアベレージゴルファーが大変多いです。

あやまったボディターンスイング

手の偏差値が低いと"ひとかたまりの動き"になります。バックスイング時のクラブの運動量が足りなくなるため、体を左に回せば腕遅れになります。ダウンスイングで上体と腕が一緒に回転╱

　なぜそうなるかといえば、**手の偏差値が低いから**。手を使った棒振りができていないため、体とクラブが"ひとかたまりの動き"になってしまい、体の動きに対してクラブの運動量がすごく少なくなっているのです。

　たとえば、バックスイング時のクラブの運動量が圧倒的に足りなくなります。そのままダウンスイングに移って体を左に回せば振り遅れてしまいます。また、トップから切り返しで、上体と腕が一緒に左に回転しはじめます。するとクラブがアウトサイドから下りて、スイング軌道がアウトサイド・インになります。そのまま打てばスライスになり、ボールをつかまえようと前腕部を左に回すとヒッカケます。

　両ワキをしめて腕を体に密着させても同じこと。いいショットが打てないどころか、スイングすることすらままならなくなります。ゆっくり動けば体と腕が一緒に戻ってくるかもしれませんが、スピーディーには振れません。つまり、**ボディターンを忠実に実行するほどエラー動作に悩まされてしまう。グリップを押さえ込んでクラブを牛耳ってしまっている可能性もあるのです。**

　それなのに、なぜ、「腕と体を一体化させる」といわれるのでしょうか。それはプロがそのイメージで打っているからです。

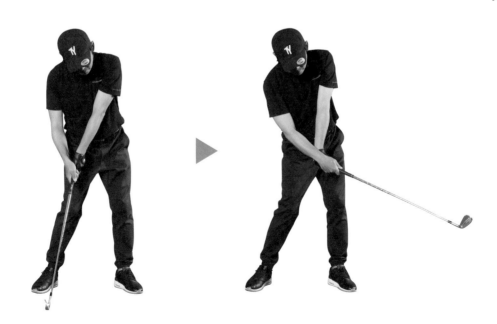

＼することで、スイング軌道がアウトサイド・インになりやすい。これはあやまったボディターンで、グリップを押さえ込むことで起こります

ボディターン意識が過剰だと腕遅れや合わせる動きになる

　実際のところ、プロは感覚的には何もしていなくても、腕はしっかり動いています。これはアベレージゴルファーが考える以上。みなさんも、ダウンスイングで胸が右を向いたままクラブが下りてくるプロのスイングを見たことがあると思いますが、これはひとえに手の偏差値が高いからできること。結局は「手の中」の問題です。

　腕の速い動きに体の動きを合わせるイメージがあると手の偏差値が高くなり、それに伴って体のスピードがアップします。その結果、ヘッドスピードも上がって飛ぶのです。

　もちろん、「腕だけで打て」ということではありませんが、スイングにおけるボディターンは腕の振りが連動してはじめて成立します。**正しく体を使って打つには、腕を振らなければなりません。それと連動する形で体が回ってこそ、正しいボディターンスイン**

上半身と下半身を一緒に動かすとカット軌道や腕遅れになる
上半身と下半身が一緒に動くと、たとえばダウンスイングでは左腰が開いてカット軌道になったりします。上半身は骨盤の上に乗っていますから、上半身が動けば下半身も動いてきます。まずは腕をビュン／

グになります。

　その意味で、ボディターンを勘違いしておられる方が多い。クラブの使い方を知ることなく、むやみに体を回しています。

　心あたりがある方は、ボディターンを意識せず、先に腕を下ろすことを心がけてください。胸を右に向けたままクラブを下ろす感じです。このほうが結果的に理にかなったスイングになりやすい。すなわち、クラブがアウトサイドから下りなくなります。もちろん、体が開きすぎることもありません。

　「一体化」や「一体感」といった言葉は、どちらかといえばできあがったスイングのきれいさを表していますから、これを優先して練習すると、的を違えた動きになる可能性があるのです。

‖腕遅れ!‖

＼ビュン振ることを覚えましょう。それができたら体を連動させていく。特に意識をしなくてもボディターンを伴ったスイングになっていきます

上半身と下半身は考えなくてもスイングになる

　ここまで読まれたことを実践していただくとよくわかりますが、クラブを振ろうとすると、上半身、下半身ともに勝手に捻転し、捻転差もできます。そもそも上半身と下半身は同じだけ捻転するわけではないので両者の間に差ができるのは当たり前。それを演出するのが腕の振りでありクラブの運動効果というわけです。

　いまひとつピンとこない方は、いっそのこと上半身と下半身のことは考えないほうがいいかもしれません。

　所詮、上体は骨盤の上に乗っています。上と下を一緒に動かす意識などなくても問題は起きません。スライサーの方などに正しいスイングを身につけてもらう場合、先に腕の動かし方だけを覚えていただくのはこのためです。

　腕だけ振っても十分にボールは打てます。これまで述べてきたことを踏まえて振れれ

腕を振って打つイメージがスイングの完成を早める
腕の振りに伴って体は動きます。切り返しからダウンスイングで腕を振れば、腰が開かないので振り遅れない。クラブの遠心力が使えますから、インパクト後はクラブが動く方向に体も回ります。スイング／

ば、思った以上に飛距離も出ます。これは腕を振る動きに体が連動するからに他なりません。おまけに、ボディターンを意識したときのように体が開くことも、右足に体重が残ったまま回転することもありません。

ただし、腕を動かすにあたって気をつけてほしいことがあります。すでにお気づきと思いますが、**関節を解放すること**です。

これまでボディターンのイメージでスイングしてきた人のほとんどは、手首や肩の関節を固めていると考えられます。これはクラブを振るうえでデメリットにしかなりません。腕のしなりを使えないので、当てにいくスイングにしかならないのです。

肩や腕や手首の関節をゆるめると、腕だけをビュンと振れるようになります。当てにいかず気持ちよく振り抜けるばかりでなく、腕や手首が振り子を止めなくなります。ヘッドが力学に基づいて動くようになり、加速すべきところで加速し、フェースがターンするべきタイミングでターンする。これにより正確性もアップします。

＼の原理原則は、腕や手を含めた上半身の使い方がわかればほぼ習得できます。ショットに限っていうなら、片手シングルくらいのレベルにはなれると思います

バランスをとるために体を使えばエネルギーも出る

まだ手が振れておらず"手の偏差値"が低い方には、レッスンでは「まずは手だけでクラブを握りましょう」ということが多いです。イメージ的にはイスに座ってボールを打つ感じです。ためしにクラブを持たずに回転するイスに座り、両足を軽く浮かせてスイング動作をやってみてください。腕を右に振ると上半身が右を向き、その影響でイスは逆に回転します。そこからビュン！と腕を左に振ると、上半身も左に回り、イスはバックスイング時より大きく右に回ります。足をつけると、当然その逆の動きになります。

腕の振りに伴って体は勝手に動きますから回転させるイメージは不要です。切り返しからダウンスイングで腕を振れば、足が地面を踏み、勝手に骨盤が旋回していきます。また、腕を振れば遠心力が生まれますから、インパクト後は意識しなくてもクラブが動く方向に体は回ります。

プロのスイングで腕と体が同調して見えるのは、この動き方ができているからです。正しく振れれば、誰でも最終的には体が動く。腕を振るイメージをもったほうが、早くその動きに到達できるのです。

ベン・ホーガンを教えていたかつての名手、ポール・ラニアンの言葉に「手がコントロール、上体、腕がエンジン、下半身はバランス」というのがあります。この観点でスイングを俯瞰して見ると、**体はバランスをとるために使う、という考え方でスイングしたほうがいい**。体は常にクラブと反対方向に動くことからも、そうすることでゴルフクラブのみならず、体で生み出されるエネルギーも使うことができるからです。

つけ加えておくと、**スイングの原理原則は、腕や手を含めた上半身の使い方がわかればほぼ習得できます**。ショットに関しては片手シングルくらいのレベルにはなるでしょう。

クラブを持つのは手で、そこに大きく影響するのは腕や上半身です。もちろん下半身由来のミスもありますがOBになるほどではありません。

とりわけアベレージゴルファーの方は、まずは上半身をしっかり使えるようになることが大事です。シングルゴルファーが、みんなプロのようなスイングをしているかといえば、そうではありません。それでも上手いのは、クラブが生きる上半身の使い方ができているからなのです。

手の偏差値が低い人ほど手で振るべき

体はバランスをとるために使います。体は常にクラブと反対方向に動くからです。また、そうすることで体が生み出すエネルギーも活用できます。エネルギーを活用するためにも、手を振って手の偏差値を上げるべきなのです

クラブの動きに体が反応すれば軸の意識は不要

スイングでは結果的に体が左右に回ります。それゆえ回転運動といわれます。回転するからには軸が必要になる。誰もが軸を中心に回れば、上手くスイングできると考えています。

そこで質問です。あなたの軸はどこですか？

多くの人が、背骨を軸と考えているのではないでしょうか。体の中心を通る背骨は、軸をイメージするのに好都合。軸としての背骨を動かさないようにすれば、きれいに体が回転する気がします。

もちろんそれは正解です。ただ、ひとつ気をつけてほしいことがあります。**背骨の軸は、骨盤から上の上半身がターンするための軸であること**です。

スイングでは体全体が回りますが、上半身に関しては背骨を軸に回るイメージでよく、背骨が左右に動かないようにすれば誰もが上半身を回せます。

でも、その意識をもっているにもかかわらず、上手く打てなかったり、飛ばない人がおられると思います。その理由は下半身も上半身と同じように動くからです。

野球やテニスの動きを思い浮かべてください。野球でボールを投げるとき、右利きなら左足を前に踏み出し、左股関節の上で体を回転させながらボールをリリースします。テニスでボールを打つときも同じで、サービスもレシーブも、基本的には足を踏み込んだほうの股関節を軸に体を回しながら打ちます。背骨を唯一の軸として体を回す発想が入り込む余地などありません。

ゴルフスイングもスポーツの原理原則にのっとった動きですから、下半身に限っては、ひとつの軸を中心に回転するということはありません。すなわち、**重心が右に移るときは右に軸があり、左に移るときは左に軸がくる。その下半身の上で、背骨を軸とした上半身が回っている**ということなのです。

これは腰を左右にツイストする動きに似ています。腰を左右に突き出す動きは誰でもできると思います。

ポイントは、腰を右に突き出したときは頭が左に、左に突き出したときは頭が右に動くことです。スイングに置き換えると、バックスイングで腰が右に動いたときは頭が左に残る（このときは適当に残っていればOKです）。ダウンスイングでは右に頭を残す（こちらはインパクトまでしっかり残す）という動きになります。

とはいえ、これを意図して行うのはいささか大変な作業です。そんなことをしなくても、腕を振ってクラブの運動量が増えれば、その動きに対してバランスをとろうと体が

反応します。つまり、**動き続けるクラブに引っぱられないよう、クラブが動くのと反対方向に重心が動く。**こうなっていれば、あえて軸など意識しなくてもバランスがとれたスイングになるのです。

軸を意識してスイングするなど所詮、無理な話

一瞬で終わるスイング中に軸を意識して動くなど無理な話。腕を振ることによりクラブの運動量が増えれば、バランスをとるために体が反応してくれます。クラブが動くのと反対方向に重心が動くわけで、こうなれば軸は意識せずともバランスがとれたスイングになります

下半身はバランス装置。車のサスペンションの役割を担う

いまはトッププロのスイングを見る機会も多いですが、それを見ると必ず切り返しで下半身をグッと踏ん張っているように見えます。特に体が強いアメリカPGAツアーのトッププレーヤーをスローモーションで見ると、下半身から切り返し、上半身が切れまくって最後にクラブが下りてくると解析できます。

確かにツアープロは、強靭な下半身と柔軟な股関節を使って腰を素早くきれいに回しています。また、地面を強く踏むことによって得られる力（地面反力）を骨盤の旋回に変換させるなど下半身をパワーの源にしてもいます。

しかし、アベレージゴルファーの方がそれを真似しようとしても、はじめはなかなか難しいかもしれません。「下半身から回す」とか「胸郭から動け」とかいわれてもできない人も多いでしょう。そうなる理由はバランスがとれていないからです。

結局のところ大事なのはゴルフクラブをどう振るかです。そうなると**まず欠かせないのはバランス**。パワーを出そうとして許容量以上に動けばバランスを崩すことになり、ボールをまともにヒットできません。ましてやゴルフ場では平らなところから打てることはほぼありません。ティングエリアでさえ必ずしも平らではありませんし、グリーンにも傾斜がある。斜面からのトラブルショットともなれば、バランスを崩さないことが最優先事項になる。でないときれいな円弧を描けないからです。

バランスをとる、となると下半身を固めがちです。もちろんある程度安定させておくことは必要ですが、同時に車のサスペンションのように柔らかく使えると円弧が崩れず、さまざまなライにも対応できます。

ということで、何はともあれバランス重視。**腕と手を使ってクラブをビュンビュン振っても下半身がブレないようにしましょう。**クラブが長くなる、あるいは振り幅が大きくなったりスイングスピードがアップするとバランスが崩れやすくなりますから、普段から上半身と会話をさせておく。脳からの命令に従って下半身をアジャストできるようにしておくのです。

パワーを意識するのはそれからで十分です。バランスさえとれればクラブを上手く扱えるスイングになりますから、それだけでゴルフは成立します。

スイングはクラブが主体の運動ですからプレーヤーは受け身の存在です。これはプロでも変わりませんが、要は体力があるほどゴルフクラブの出力も大きくなりますから、そのパワーに対してバランスをとる必要がある。ある意味スイング作りは自分とのせめぎ合いであるかもしれません。

大事なのはゴルフクラブをどう振るか

バランスをとろうとすると下半身を固めてしまう人がいます。安定させる必要はありますが、上半身の動きに反応できる柔らかさは不可欠です

許容量以上に力を入れたり、フェースをボールに当てにいくと下半身のバランスを崩すことになります

切り返しで骨盤が内回りするか外回りするか

　左足を構えた方向に踏み出すイメージでダウンスイングすると、骨盤の回転がゆるやかになります。その場でクルッと回るのではなく、ほんの一刹那、右から左に平行移動してから、ゆるやかに左へターンしていくのです。このように動くと、**誰もがダウンスイングで一瞬ガニ股スタイルになります。**

　ゴルフに限ったことではありません。たとえばイチロー選手。バッターボックスで構えているときは、両ヒザを内側に絞った超内股スタイルでした。でも、ボールを打ち返そうと右足をステップしながらバットを下ろしてくると、必ずガニ股になります。**すべてのアスリートは踏み出したあとにはガニ股になるのです。**

　足を大きく動かしてステップしないにもかかわらず、ガニ股になるプロゴルファーはたくさんいて、飛ばし屋は例外なくこうなっています。

　ガニ股になるように動くには、骨盤を内回りに動かすイメージが役立ちます。わかりづらければ、絶対に外回りさせない、とイメージしてもかまいません。

　外回りとは、ダウンスイングで右腰が前に出てくるように骨盤が回ることです。こうなると、左股関節に軸を移せません。右軸のままクラブを下ろすので、体重は右に残ったまま。同時に右肩も下がるとダフリになります。

　これに対し、骨盤を内回りさせるイメージで動けると、左腰が左に軽く押し出せます。これにより左足に体重が移り、軸が左股関節に移る。あとは体が回転するだけです。

　骨盤の動きに限っていえば、バックスイングで右にせり上がり、ダウンスイングで左に平行移動、フォローで左にせり上がる、というイメージになります。

　このプロセスにおいては、どこにも回すイメージはありません。しかもインパクトエリアでは、一瞬ながらも骨盤がターゲットラインと平行に動くので、クラブを振る方向と体が動く方向が完全に一致するため、目標に向かって真っすぐ振り抜けるのです。

　ただし、このように動かすためには、**骨盤をしっかり前傾させてアドレスすることが大切**です。前傾してはじめて、せり上がったり、平行移動させる意識だけで、自然と回転するようになります。

　繰り返しますが、上体は骨盤の上に乗っています。下半身を動かそうとしなくても、上が動けば動きます。このほうが無駄なくスムーズにスイングできます。無駄がなくなるとは、上半身と下半身の捻転差でオートマチックに回転するということです。

　プロは無駄に動かないので、上半身と下半身が一緒に動いているように見えます。しかし、そう見えるのはあくまで結果。体ではなくクラブが正しく動けば結果的に体がそ

のように動くことを忘れないでください。

骨盤の内回り、外回り

骨盤をしっかり前傾させてアドレスできている場合、骨盤が内回りすると左腰が左に軽く押し出せます。左足に体重が移り、軸が左股関節に移ります。

骨盤の動き

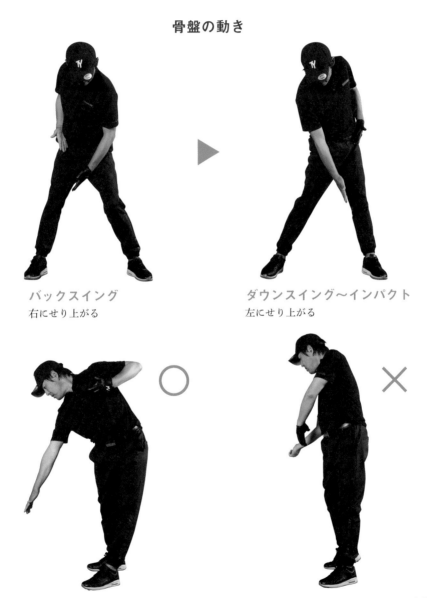

バックスイング
右にせり上がる

ダウンスイング〜インパクト
左にせり上がる

骨盤の外回りとは、ダウンスイングで右腰が前に出てくるように骨盤が回ることです。これだと左股関節上に軸を移せません。体重が右に残り、右肩が下がるとダフります

第7章
Lesson 7

実戦のスイング
ラウンドでもクラブが最優先

上手くなる人はいつも傍にやさしいキャディがいる

　セルフプレーが定着して久しい昨今、キャディさんを伴ってラウンドしたことがない方もいらっしゃると思いますが、そんな方も含めて、ひとまずキャディさんと一緒のラウンドを想像してみてください。

　的確にグリーンのラインを読んでくれるのはもちろん、気持ちをグンと乗せてくれたり、慌てているときには落ち着かせてくれたり、たくさんのことを考えて細かいところまで気を配ってくれる……。こんなキャディさんなら、誰もが気持ちよくラウンドできるでしょう。

　反対に、ボールの行方も見てくれなければ、こちらの問いにもまともに答えてくれない。挙げ句の果てには、人がガッカリしているときに煮湯を呑ますようなことをいう。こんなキャディさんだったら、迷惑にこそなれ助けにはなってくれません。いやな思いをするうえに、上手くいかないこともわかっているのだからセルフプレーのほうがまし、と考えるのももっともです。

　とはいっても、ゴルフは究極の個人競技です。キャディさんがいようがいまいが、最終的に決断を下してボールを打つのは自分。いい気分でプレーできるのも、イヤな気分になるのも結局のところ自分次第です。

　私はこんなふうに考えます。**キャディさんと一緒であれ、セルフプレーであれ、ゴルファーは常に心の中にいるキャディさんと一緒にプレーしている**、と。

　そして、これを前提にアベレージゴルファーのラウンドを見ると気づくことがあります。**ラウンド巧者の心の中には、いいキャディさんがいるのです。**そのキャディさんは、プレーヤーがミスをしても、思い通りにいかなくても、決して責めません。ラウンドでは常にプレーヤーにやさしく接してくれるので、なにかが起きたとしても精神的なダメージは小さくてすみます。

　これに対し、**上手くいかないゴルファーには悪いキャディさんが付いています。**ミスをすれば罵倒し、思い通りにいかないと「何でできないんだバカ！」とプレーヤーを責め立てます。自分に厳しい、といえば聞こえはいいかもしれません。ですが、心が波打ってしまうのは明らか。目の前で起こったことに一喜一憂せず、冷静な判断を求められるコースでのラウンドにおいて、なにひとつメリットはありません。

　ですから、コースではいいキャディさんと一緒にプレーしましょう。すなわち、自分にはできるだけやさしくしてあげる。思ったことができれば100点ですが、容易に100点が出ないことはみなさんも承知しているはず。自分には寛容でいいのです。

ラウンド巧者はおしなべて安全運転

　ラウンドでは常にナイスショットを欲しがります。アマチュアゴルファー、とりわけアベレージゴルファーの方はこの傾向が強いと思います。それはひとえに、ナイスショットを打たないとスコアがまとまらないと考えているからです。

　いいスイングができたからといってナイスショットになるとは限りません。プロがいい例で、側（はた）から見たらナイスショットなのに、打ったあとクラブから手を放したり、首をかしげるシーンをよく見かけます。

　もちろんある程度のレベルでボールを打てることは必要です。でも、スコアをまとめるのに、そこまでパーフェクトなショットは必要ありません。プロがスコアをまとめられるのは、完璧なショットがなくてもまとめる方法を知っているから。それがマネジメントです。**プレーヤーが自分の置かれた状況を踏まえ、リスクを回避する対策をとれば、必ずしもナイスショットは必要ありません。**ラウンドでみなさんに体感し、身につけていただきたいのはそこです。

　70台で回るゴルファーは、技術が高いのもさることながら、自分のミスに対する許容範囲が広く物事を多角的に考えます。同じスライスでも、フェアウェイセンターをめがけて打ったら林に入ったりOBになるリスクがありますが、フェアウェイ左サイドに打てばそこまでにはならず、フェアウェイから打てる確率も高まります。ゴルフ上手は、逐一このようなことを考えながらラウンドしているのです。

　また、**ラウンド巧者はおしなべて安全運転**です。なにに対して安全運転かといえば、自分の技術レベルです。安全運転をするには自分のレベルがわかっていなければなりませんが、ラウンド数が少ない人は正確に把握するのが難しいかもしれません。そんな人は、普段の練習でつかんでおきましょう。

　たとえば練習場で6割イメージ通りに打てたら、コースのフラットなライなら4〜5割の成功率。それ以外のライなら4割以下と考えて対策を立てる。一打一打にこのパターンをあてはめていくのです。トーナメントプロでさえティショットのフェアウェイキープ率は平均4割ほど。10回中3〜4回はパーオンできません。しかもこれらはすべて、安全運転した結果の数字なのです。

　ナイスショットでなくても結果オーライならミスではない。アマチュアゴルファーのみなさんは、それくらい自分に寛容でいい。結果オーライを狙うことがマネジメントと考えてもいいでしょう。それができれば、「いいショットを打たなきゃ……」というプレッシャーから解放されてストレスは軽減。自分を追い込まずにラウンドできます。

ラウンドでもゴルフクラブが最優先

クラブがどう動くかを前提にスイングを考え実践するのが私の基本姿勢ですが、これはスイングを習得する場合も、コースでラウンドするときも変わりません。

むしろラウンドにおいてこそクラブ最優先。クラブの動きを邪魔しないよう、水のごとく体が動く、正確にいえば体が反応するのが理想です。ゴルフそのものがクラブあっての賜物、と考える所以です。

考えたことがある人のほうが少ないと思いますが、クラブに意識を向けてラウンドすると、頭の中が整理されてショットが散らかりません。

たとえば、ラウンドでは傾斜やラフなど、さまざまなライに遭遇します。また、アゲンストの風の中で低い球を打ったり、逆に高い球を打って風に乗せるなど、状況に応じたショットが要求されます。誰もが条件に合った球を打ちたいわけですが、残念ながらできているアベレージゴルファーの方は多くありません。

なぜかというと、クラブ目線がないから。体の動かし方ばかり考えて、クラブをどうすべきか、という発想が欠落しているのです。

クラブ目線でプレーすると、置かれた状況に対して一歩踏み込み、「このライではフェースをこう当てよう」「低い球を打ちたいからロフトを立てよう」などと考えるようになります。

実はこれこそがゴルフにおいてもっとも重要な発想力。クラブをイメージ通りに動かすことが、ラウンドでプレーヤーが行うことのすべてだからです。見方を変えれば、ひとたびコースに出たら、プレーヤーは状況によって常に変わり続けなければならない。それが実戦で、練習と180度違うところです。

「とても難しくてできない」と思う方もおられるでしょう。しかし、テニスや卓球では、誰もが教えられる前から普通にやっています。打ったボールが右にスッポ抜けたら次はラケットを返し、左に飛んだら返さない。カットに打って打球の勢いを殺したければ打面を開いて使い、ドライブをかけるならかぶせて当てます。

プレーヤー同士でアドバイスするときも、上手く打てなかったときはまず、「ラケットが上を向いていたよ」とか「下を向いたよ」といった見方で指摘しあって、「ヒジが上がった」「ワキが開いた」「頭が上がった」などとはあまりいいません。

ゴルフの場合、この手順が逆転しています。本来は、「クラブの動き」→「体の動き」という順に考えるべきなのに、みんな揃いも揃ってまず体ありき。体をどう動かすかばかり考えて、クラブのことは眼中にありません。

　練習ではこの方向性も必要かもしれませんが、実戦ではあまり役に立ちません。それどころかマイナス要素にさえなります。私からすれば、クラブのことを気にしていない時点でラウンドモードではないのです。

クラブ目線でラウンドする

実戦のラウンドでは平らなライはわずかで、傾斜やラフから打つことが多くなります。また、状況によって低い球、高い球を打ち分けるなど場面に応じたショットが必要です。そんな場合に体の動かし方ばかり考えていたら対応しきれません。クラブ目線でプレーするとは、置かれた状況に対して、「このライではフェースをこう当てよう」「低い球を打ちたいからロフトを立てよう」などと考え実践すること。この発想がないと上手くラウンドできません

クラブ目線でラウンドすると狙ったところに打てる

ラウンドレッスンのとき、私は基本的に、「こう当たっています」とクラブ視点に立ったアドバイスを送ります。

スライスが怖い状況で、「インサイドからクラブを下ろして」とはいわず、「右がＯＢだから左に飛ばしましょう」という。スライスが出たら「フェースが右を向いて当たっているので左に向けてください」だけです。

「それでもレッスン？」と叱られそうなくらい当たり前のことですが、ラウンドでは、「テークバックがどうの」「トップがどうの」などというよりずっと効果的です。プレーヤーの意識がクラブに向くようになるので、アベレージゴルファーの方でもこれだけで大きなミスが出なくなります。

参考までにお話しすると、**クラブ目線を一番実感できるのは、少ないクラブ、極端にいうと１本のクラブでラウンドすること**です。

サンドウエッジでティショットするとしたら、飛ばしたいのでトップを打つ発想になります。９番アイアンでバンカーから出そうとしたら、フェースを開いたり、打ち込むようにクラブを使うでしょう。

これがクラブ目線でラウンドするということです。実際に１本でラウンドするのは難しいかもしれませんが、ひとつの局面で普通は使わないクラブを使ってみることくらいはできると思いますので、チャレンジしてみてください。

クラブがどうなればいいかを考えるのがゴルフの原点

クラブ目線でラウンドできると、どんな場面でも考え方が統一され、狙ったところにボールを打てます。テニスや卓球で普通にやっていることができるわけです。事実、体の使い方については一切触れず、クラブの話だけでスイングがガラッと変わる人もたくさんいらっしゃいます。やりたい場面でやるべきことができれば、誰でもプロと同じようなスイングになるのです。

それもそのはず、ボールの叩き方に種類はありません。バックスイングからトップにおけるクラブの動き方は十人十色ですが、ダウンスイングからインパクトにかけてのクラブの正しい動き方は唯一無二だからです。

アメリカPGAツアーの選手も例外ではありませんが、かといって彼らが、「こう体を使うんだ」とみっちり教えられてきたわけではありません。本来の動きをしたクラブが

ボールを叩いた結果そうなっているだけです。

　みなさんがラウンドで意識すべき部分もそこ。そのほうがはるかに簡単ですし、ゴルフというゲームを楽しむことができます。

　ゴルフが生まれたといわれるスコットランド地方では、ボールを転がすゴルフが求められます。これを現場で実践するには、体の動かし方を考える前にクラブがどうなればいいかを考えたほうが早い。これがゴルフの原点です。

　ラウンドをゲームとして成立させるには原点に回帰しなければなりません。つまり、状況に応じたクラブの扱い方をすることが絶対に必要で、これがコースでできない限り、ナイスショットは未来永劫"たまたま"の産物にしかなりません。ラウンドで結果を出すことは、"たまたま"からの脱却なのです。

状況に合わせてやるべきことができるかがポイント

ラウンドではさまざまな状況に遭遇します。ひとつたりとも同じ状況がない中、そのたびに、「体をこう動かす」とマニュアル的にやっていたのではとても対応しきれません。まずはクラブがどうボールを叩いたらいいのかを考える。そうすれば動き方は自ずと決まります。スイングの前にクラブを考える。そのほうがずっと合理的でゲームを楽しむこともできます

ボールフライトのイメージがあるかないか

"たまたま"から脱却するには、すべてのショットを意図して打つことが求められます。

たとえば、グリーン左端のピンに向かってショットを打つとします。この場合、グリーンセンターを狙う、ピンを狙う、手前から乗せるなど、いくつもの狙い方が考えられますが、いずれにしても**アベレージゴルファーの方は、ボールフライトをイメージせず漠然と打っているパターンが多く見られます。**

プロはこういった狙い方をしません。必ずボールのフライトをイメージして左右どちらからか曲げる、あるいはイメージできるのであれば真っすぐ狙います。

このケースでいうなら、広い右サイドから左に曲げたり、グリーンセンターからちょっと左に曲げて狙う、といった具合。ボールのつかまりが悪い日であれば、右に曲がる想定でピンを狙うかもしれません。

これは持ち球のドローやフェードで狙うということではなく、フェード回転、ドロー回転するかもしれないという視点に立っていることを意味します。**常にターゲットに対して真っすぐ打つのは難しい、という前提でショットに臨んでいるのです。**

この発想でターゲットを狙うと自ずとクラブ目線になります。右から曲げるならクラブフェースを右に、左から狙うなら左に向ける。手前から転がして乗せるなら、ロフトを立てたり、番手を上げてハーフショットするかもしれません。

意図してプレーするとは、こういうことです。もちろんミスしてもいい。ゴルフはミスのスポーツですから。

ただ、意図した結果のミスと、ろくに考えずにミスしたのでは雲泥の差です。上手くいった場合も同様で、ミスにしろ、上手くいくにしろ、意図したプレーの結果だけがゴルファーの経験値になります。そこまでひっくるめてミスのスポーツなのです。

意図してプレーするには、「体をこう動かすからクラブがこう動く」という方向性では考えづらい。「こう動こう」とイメージしても、その通りに動けたかはわかりません。結果が伴ったときに、「できた」と確信をもっていえる人は、高い身体能力をもったアスリートでも一握りでしょう。

ですから、**まずクラブを感じられるようになるべきです。**ヒッカケるなら右に打てばいいし、テンプラが出たらクラブヘッドがボールの下に潜らないように使えばいい。これがプレーを意図することにつながります。

その意味でも、ラウンドでは体よりも頭を使うことが重要です。そもそも体の動きは、トッププロたちのスイングを統計的に分析したものにすぎません。役には立ちますが、

その方面の研究や応用は、私たち専門家に任せておけばいいのです。

どんな球を打つか？　それにはどうクラブを使うか？

ゴルフをゲームとして成立させるには、状況に応じたクラブの扱い方をすることが絶対に必要です。状況が変わっても同じようにしかクラブを使えないと、たとえ結果がよくても所詮は偶然の産物にしかすぎません。ラウンドでは常に、置かれた状況でどんな球を打つか？　そのためにはどのようにクラブを使えばいいか？　という発想が不可欠です

クラブ目線でラウンドすると、まずライを見るようになる

では、クラブ目線でラウンドするために必要となる、基本的なポイントを紹介していきましょう。

ラウンドで使用クラブを選択する際に、大多数の方は打ちたいところまでの距離を指標にすると思いますが、**はじめにやるべきはライのチェックです。**

アベレージゴルファーの方のラウンドを拝見していると、ラフで迷った末に長めのクラブを持って失敗する方が多くおられます。

なぜそうしたのかをうかがうと、「芝の抵抗が強いし、ダフっても飛びそうだから」という答えが返ってきます。ヘッドが小振りなほうが芝の抵抗が少なく、クラブが長いぶんダフっても飛ぶと考えたわけです。

クラブ目線で考えるとこうはなりません。ロフトの立った番手で、芝に対して直角に近い角度でフェースが当たると抵抗は大きくなるばかり。逆にロフトがついたクラブなら芝の抵抗は軽減します。

ラフから打つ場合は、いかにボールの打ち出し角をつけてポン！　と上に出すかが鍵ですから、**迷ったら絶対に短い番手を持たなければいけません。**打つ前に必ず素振りをし、7番アイアンで抵抗が強ければ9番、それでも芝が絡むようならサンドウエッジまで選択範囲を広げる。こういったクセをつければ傷口を広げません。

また、**同じラフでもボールが深く沈んでいたら、ヘッドをやや上から入れて打たなければなりません。**

さらに、ヘッドを手前から入れてもソールが滑らないディボット跡のような状況では、番手を上げてダウンブローにとらえたほうがいい。ヘッドが最下点にくる手前でボールをとらえるためロフトは立って当たりますが、大抵はフルスイングできないので番手を上げる選択もありなのです。

いずれにしても**距離の前にまずボールのライを確認し、ボールに対するヘッドの入り方を考えて、イメージ通りにできそうなクラブを選ぶ。**これがクラブ目線でラウンドする第一歩です。

ライの確認なくしてナイスショットはない

残り距離だけでクラブを選んではいけません。まず確認すべきはボールのライ。
それによって打てるボールや使えるクラブが変わります

素振りで芝を擦ることの重要性

　ラウンドレッスンで私はアベレージゴルファーの方に、**「打つ前の素振りでは必ずソールで芝を擦ってください」**といいます。私の見た限り、ほとんどの方が素振りをするのに、芝を擦れていない方がすごく多いからです。

　芝を擦ろうと思い、そのつもりで振っているのに擦れない人は、スイング時にできる円弧の上下感覚（上下の意識）が不足しているかもしれません。

　プロの試合が終わったコースでは、グリーンまで残り100ヤードあたりの芝がディボット跡だらけですが、それが自然な姿。ターフを取ると気が引けるアベレージゴルファーの方が多いと思いますが、スイングにおいては必要条件なのです。

　擦れないのはひとえに、多かれ少なかれ支点が上手く機能していないからです。

　スイングにおいて、重いヘッドは重力に従って落下し続けるもの。途中で重力に逆らって動くことはありません。あったら間違いなく人為的な作用でミスの引き金になります。クラブ目線でスイングを考えれば自ずとわかることです。

　切り返しからダウンスイングでクラブを引き続けている人（スイングが習得できている人）は、クラブヘッドが地面に届きにくくなります。そのため届くようにする円弧の上下感覚が必要になります。

　逆にトップから押してしまう人は、クラブヘッドが簡単に地面に届いてしまいます。この傾向の人はクラブを地面に届かせるのは容易なので、ダフらずにボールの先で芝を擦ればいいのです。

　インパクト時の入射角を弾道測定器で測ると、アベレージゴルファーはヘッドが上昇軌道で当たることを示すプラスの数値になり、プロは例外なく下降軌道で当たるマイナスの数値になります。このことからも、手の中の支点を中心にクラブヘッドを落下させながら打たなければならないことは明白。落下点がボールの先になればプロレベルということです。

　インパクト付近で支点が大きく移動しなければ、ヘッドは自分の真下あたりに落下し、支点が左に移動すればボールのやや左側に落ちるというだけのこと。芝を擦れさえすればヘッドの落下位置が多少変わるだけにとどまるのでミスは許容範囲で収まります。

　ひとつ加えておくと、トップする原因はほぼ上下動です。コースなら芝を擦るように、練習場ならマットを擦るようにヘッドを地面に届かせるだけで上下の感覚が養えます。ボールの直径くらいの範囲にヘッドを落とせるようになれば絶対に当たります。

打つ前の素振りで芝が擦れたら、そのあたりにボールがくるようにアドレスすればOK。ヘッドの落下地点が微妙に変わるだけなので、ミスしても大ケガにはなりません

ロフト角とライ角の兼ね合いで出やすいボールが変わる

ロフト角とライ角の関係により、クラブによって出やすいボールが変わります。**ロフト角が大きくてライ角が小さい短い番手はボールがつかまりやすく、ロフト角が小さくてライ角が大きい長い番手はつかまりにくくなります。**

一概にはいえませんが、アベレージゴルファーの場合、前者は打球が左、後者は右に飛びやすい傾向があります。長い番手でスライスする方が多いと思いますが、これはクラブの特性でもあるのです。

このクラブ目線があれば、ツマ先上がりのライでサンドウエッジを持ったら間違いなく左に飛ぶことがわかります。左に行かせたくなければ長い番手に持ち替える、フェースを開く、右を向いて打つ、といった対策をしなければなりません。

ツマ先下がりのライでは右に飛びやすいといわれますが、必ずしもそうではありません。左に飛ぶ"逆球"が出た経験がある方もおられると思いますが、これは下半身が止まりやすく、ヒール側が支点になってフェースターンしやすくなったから。思いのほかドローボールが打ちやすいので、これを取り入れる上級者もいます。クラブ目線があればピンチをチャンスに変える可能性も生まれるわけです。

使用クラブはゴルファー心理にも影響します。長い番手では飛距離を求めるため、アベレージゴルファーの方は振り回しがち。ハンディの多いゴルファーほどこの傾向があります。右に飛びやすいクラブの性格にゴルファー心理が乗っかり、余計に右に飛びやすくなります。

これに対しショートアイアンに代表される短い番手は、振り回すことで、より左に飛びやすくなります。ドライバーはいいのにショートアイアンがダメ、という日は大抵ショートアイアンで左に外しているはずです。

ですから、左に飛んでもよしとするなら距離ジャストの番手、いやなら1番手上げて軽く打つといった選択をすれば大きなミスは未然に防げます。

短い番手はボールがつかまりやすく、
長い番手はつかまりにくい

傾向的にボールがつかまりやすい短い番手は左、つかまりにくい長い番手は右に飛びやすい。長い番手でスライスするのはクラブの特性でもあります。これがわかっていれば、たとえば左に飛びやすいライでは長いクラブ、右に飛びやすければ短いクラブを使うといった工夫ができ、トラブルがさらにトラブルを招く、といったことがなくなります

番手を落とすか？ 振り幅を小さくするか？ 短く持つか？

いわゆる中途半端な距離を打つケースで、振り幅を小さくして打つか、番手を落とすかで迷うことがあると思いますが、クラブ目線で考えれば迷いません。

小さく振ればヘッドスピードは落ちやすい。それに伴い打球のスピン量が減るので高さを抑えられます。ボールを上げたくないときは、振り幅を小さくすればいいのです。

一方、番手を落として正しくフルショットすると打球がロフト通りに上がります。**目標に対してボールを上から落としたい状況では番手を落とせばいいわけです。**中途半端な距離で迷ったらクラブ目線になり、打球の高さを判断基準にしましょう。

また、クラブを短く持つか、番手を落とすかで迷うシチュエーションもあります。

これはある程度スイングができている人にしかあてはまらないので、そうでない人は

クラブがゴルファーの心理に及ぼす影響

長い番手は飛ばしたいので振り回しがちになります。右に飛びやすいクラブの性格に、このゴルファーの心理が乗ってしまうとさらに右に飛びやすくなります。反対に番手が短くなるほど、振り回すと左に飛びやすくなります。ドライバーはいいのにショートアイアンがダメなとき、大抵ショートアイアンで左に外しているはず。プロが普通のライからショートアイアンでフルスイングしないのは、こういった理由もあります

知識として蓄えてほしいのですが、クラブを短く持つと軽くなるため、振りやすくなります。**ショットが苦手な方、あるいは、苦手な番手を打つときに短く持つのはいい方法です。**

振り幅を小さくしたときと同様、クラブを短く持って打つとヘッドスピードが落ち、ボールのスピン量が減って打球が上がりにくくなります。プロがアゲンストやラフで短く持つのは、その狙いがあるからです。アゲンストでは吹き上がるのを抑えて飛距離のロスを防ぎ、ラフではフライヤーを軽減する目的があるのです。ただし、スイングがかなりできていないと、短く持ってもそこまでヘッドスピードの差は出ません。

アベレージゴルファーの方の場合、たとえばグリーンを狙うケースで、奥が絶対だめなら番手を落としたほうがよく、奥に行っても問題ないグリーンなら短く持つのもあり、というイメージをもつといいでしょう。

クラブ目線で考えれば番手選びで迷わない

たとえば中途半端な距離の場合に振り幅を小さくするか、番手を落とすかで迷うことがありますが、こんなときはクラブ目線に立ってみましょう。小さく振るとヘッドスピードが落ち、ボールのスピン量も減るので打球の高さを抑えられます。番手を落としてフルショットすれば、ロフト通りの球が出ます。このことから、ボールを上げたくないときは振り幅を小さくし、ボールを上から落としたいときは番手を落とせばいいことがわかります。また、クラブを短く持つと振りやすくなります

出球の高さをイメージするとクラブ選択で迷わない

出球の高さをイメージするのもクラブ目線のひとつです。

林から脱出するとき、普通に振ったら枝に当たってしまった、という経験がないでしょうか。クラブ目線がないとこうなります。出球がどれくらい上がるかイメージできていないのです。逆にいえば林の中から打つときはクラブを意識するチャンスです。

このような状況に陥ったとき、クラブ目線をもったプレーヤーは、出球の高さと距離でクラブを選べるよう、似通っていないロフトのクラブを何本かもっていきます。もっ

打つ前に出球の高さとどんな球を打ちたいかを明確にしておく

高い球を打つなら高く、低い球なら低く、ストレートなら真っすぐ、ドローボールなら右、フェードボールを打つなら左に打ち出さなければなりません。当たり前のことですが、クラブ目線がない人にはこの発想がありません。極端にいえば出球のイメージをもつだけで入射角がアッパーやダウンブローに、

ていかない人は、ボールを右に置いてダウンブローに打つなど、打ち出し角をコントロールする工夫をします。これは、できるかできないかではなく、やるかやらないか。同じ過ちを繰り返すプレーヤーは、やっていません。

　トラブルショットはクラブ目線を獲得し、発揮するチャンスです。出球の高さをイメージしてクラブを選べば、やったことがないショットも打てます。その積み重ねがクラブ目線を養い、ショットの引き出しを増やしていきます。

　つまるところ、自分が打ちたいボールが明確なら自然とクラブ目線になり、その先に番手選びやスイングが付随してくるのです。

＼スイング軌道はインサイド・アウトやアウトサイド・インになるのです。もちろんアドレスやボールの位置も変わる。アドレスやスイングを左右するのは、おしなべてどんなボールを打ちたいかです。アプローチはそのいい例。高い球を打つか、低い球を打つかで誰もがクラブや構え方を変えているはずです

いつも自分が中心ではいろいろな状況に対応しきれない

人には優れた身体感覚があります。しかし、常に安定しているわけではなく、体調や環境によって有用性が低くなることがあります。ゴルファーは、状況や打ちたいボールに体を対応させなければなりませんが、いつも自分が中心だと対応しきれません。

ツアープロも調子を崩します。そんなときは大抵、体の動かし方やクラブの上げ方など、自分サイドのことばかり考えていて原理原則を忘れています。上手い人でもこうなるのです。

クラブ目線をもてると、このバラつきを減らすことができます。身体感覚はデリケートに変化します。それに比べると、物体であるクラブは、状況がどうでも、自分のコンディションがよくなくても、常に一定の状態を保っています。ある意味、非常に頼れる存在。クラブに先導してもらえば対応しきれないことにも対応できるのです。

クラブ目線でスイングを考えることは、できなかったことができるようになるということです。視点を変えるだけで、体のどこかにかかっていたロックが外れます。正直なところ、本当の意味でレッスンが生きてくるのはそれからかもしれません。

ゴルフスイングは 1.5 秒のバランス運動

スイングはたった1.5秒という一瞬の間に行われるバランス運動です。

フラフープでは、腰にかけたリングを落とさないようバランスをとりながらリズミカルに腰を動かします。上手く回し続けるには、頭の位置を動かさず、腰を前後左右に動かさなければなりませんが、上手な人ほど意識的に動いていません。いちいち考えず、フラフープの動きに体を反応させています。

スイングはフラフープのように継続的な動きではありませんが、バランスをとりながら動くところがよく似ています。

実戦では常にバランスをとりながら打たねばならない

ラウンドでは、練習場のように常に状態のよいところから打てるわけではありません。逆に平らなライなどないといってもいいくらい。さまざまな状況に体を反応させるよりクラブに対応させるほうが楽。クラブ本位でセットアップ＆スイングすれば、どんなライでも対応できます

実践でも"右回り"のイメージでスイング

　スイングを正しくまとめ上げるには、**クラブを、"右回り"に動かすイメージをもつ**といいでしょう。体の前で両腕を右に（時計回りに）回し、クラブヘッドが右回りに大きな円を描くように動かします。

　クラブはターゲットのある左方向に振りますから、右回りさせるのは当たり前です。こうして描かれる円の最下点にボールがあれば、ボールに当たって左へ飛びます。

　参考までに、"左回り"のスイングもやってみましょう。右回りと同じポジションから、クラブヘッドで左回りの円を描くように動かします。

　これだとターゲット方向にボールを飛ばすイメージは湧かず、誰もがスイングではありえない動きだと感じるはずです。

　にもかかわらず、**スライスで悩む人のスイングには、左回りの"押す"動きが入っています。**もっともわかりやすいのは、ダウンスイングでアウトサイドからヘッドを下ろす動きです。**この左回りの動きを右回りに変えれば、クラブヘッドはインサイドから**

迷ったら右回りのスイングをする
クラブヘッドが自分の右側にくると、クラブが寝てフェース面が上を向きます。これと同じように、ダウンスイングの前半でもフェース面は上を向きます

下りるようになり、さまざまな問題が一気に解決します。

　大事なことですので、そのディテールを説明しておきましょう。

　体の正面でクラブを持って右回りに回すと、クラブヘッドが自分の右側にきたときにクラブが寝てフェースが上を向きます。

　そのまま手を下ろしていくと、ある時点でそれ以上回せなくなります。クラブを右に回し続けるには、前腕部を左へ回さなければなりません（感覚的には手首が左に回るように思えますが、実際には前腕部が回ります）。

　この一連の動きは、そのままスイングに反映されます。右側でフェースが上を向くように、ダウンスイングの前半でもフェースが上を向きます。その先で前腕部が左へ回転するのは、インパクト前後と同じ動き。これにより開いたフェースがターンして閉じます。

　右回りに回し続けようとしたら、こうしないと回せません。スイングでも同じで、**右回りにはクラブをナチュラルに振るのに必要な動きがすべて含まれているのです。**

■ **動画で解説**

クラブを右に回し続けるには、前腕部を左へ回さなければなりません。この動きはインパクト前後と同じで、これにより開いたフェース面がターンして閉じます。右回りには、クラブを正しく扱う要素がすべて含まれています

どこで円を描くかでスイングは変わる

ゴルフクラブでボールを打つ物理は昔から変わっていませんから、老若男女、プロもアマチュアも、ドライバーでもアイアンでも、スイングに大した違いはありません。

前述したように、スイングするとクラブヘッドは円を描きます。厳密には平面ではなく三次元的な円ですが、ここではプレーヤーを正面から見たときにできる円をイメージしてください。

スイングするとプレーヤーはクラブヘッドで、体の右サイド、体の真ん中、体の左サイドの三つのポジションのいずれかで円を描きます。

ほとんどのアベレージゴルファーは体の右サイドで円を描き、体のセンターあたりになるとシングルプレーヤーっぽくなります。そして体の左サイドで円を描けると、とたんにプロのようになります。

描く円の位置によって、クラブヘッドの最下点も変わります。

両足の真ん中にあるボールを打つ場合、体の右サイドで円が描かれるとヘッドの最下点も体の右サイドになり、多かれ少なかれボールの手前にヘッドが落ちてダフリます。これを避け、ヘッドが落ちないようにする。ここで入る手首の動作がフリップで、すくい打ちになります。

体のセンターで円が描かれると、最下点も体のセンターになります。ヘッドの最下点とボールの位置はほぼ一致して、ボールをクリーンに打てます。

体の左サイドで円が描かれると、ヘッドの最下点も体の左サイドになります。これだとファーストコンタクトがボールになり、そのあとヘッドが地面に当たる、いわゆるダウンブローのヘッド軌道になります。

要は、**右サイドで円を描く人より、左サイドで描く人のほうがインパクトゾーンが長くなるということ**。ヘッドの最下点にフォーカスすれば、ボール1〜2個分の違いで結果がまるで変わる。いい方をかえるなら、違いはせいぜいこの程度で、上手い人がすごいことをやっているわけではないのです。

なぜ、アベレージゴルファーの多くが右サイドで円を描いてしまうのかといえば、フェースをボールに合わせにいくから。結果的に切り返しで押す動きが入るのです。

プロはボールに合わせにいかないので、第一振り子のグリップ支点が止まりません。支点が左にズレてからリリースされるため、円が左サイドで描かれるということです。

コースではライによって円を描く場所が変わる

ラウンドではさまざまなライに遭遇します。そんなとき、その都度マニュアル的に、構え方や打ち方を変えている人がおられると思います。間違いではありませんが、それだけでは上手く打てたとしても、たまたまの可能性が高いと思います。

たとえば、ディボット跡に入ったボールを打つには、ボールがやや右寄りになる位置に立ち、左足体重で構えてヘッドを鋭角的に入れるのが基本的な打ち方ですが、これだけではダフるリスクがあります。

このような場合にも、円を描くイメージがあるとミスを防げます。ヘッドがボールの手前に落ちてダフるのが一番避けたいパターンですから、ベストは左寄りの円を描くこと。ファーストコンタクトがボールでダウンブローに打てればダフりません。

円を描く観点でスイングを見ると、左で描くスイングは汎用性が高い。プロはもっとも合理的な円軌道をベーシックにしているというわけです。

また、ゴルフ雑誌などでは、傾斜から打つ際にプロが構えや打ち方などをマニュアル的に紹介している記事がありますが、多くのプロにはマニュアルなどなく、ライを見て構え方、打ち方をイメージしています。記事は基本的に、それを逆算する形で紹介したものです。すごく厳密にいうなら、記事のライには対応できますが、少し状況が変わると対応できない可能性があります。

それはさておき、下半身が使いづらいこのようなライで、プロがまず何をするかといえば、**円弧のイメージを作る**。左足上がりのライならやや右に、左足下がりならやや左に、グリップ支点を設定します。

グリップ支点が決まれば円が描かれる場所は自ずと決まります。左足上がり、下がりなら、前者は右寄り、後者は左寄りの円になります。

このイメージが先にあればアドレスもすんなり決まります。左足上がり、下がりとも、低い側の足に体重を乗せ、斜面と平行に立つことになる。グリップ支点の位置に留意すると、ややオープンやクローズに構えることも考えられます。

これらができてから地面を擦る素振りをすれば、どう構え、どこにボールがあれば打ちやすいかがより明確になり、ショットの成功率が高まります。

正しいスイング軌道は打ちたいボールの先にある

　スイングのレベルが上がってくると、ボールがつかまって左に飛びやすくなります。フェースを真っすぐに動かしていたプレーヤーほど、その傾向があります。

　上達する過程でこういったエラー動作がおさまってくると、やがてヒッカケはフックになります。さらにスイングをアジャストし、シンプルにクラブを下ろせばいいことがわかるとフックもおさまります。

　そうなったときに、あるいはそれ以前から並行して行うべきなのが、**打つ前にどんな**

打ちたいボールをイメージしてスイングをアジャスト
あえて正しいスイング軌道を定義づけるとしたら、それは打ちたいボールの先にあります。ストレートボールならインサイド・イン、ドローならインサイド・アウト、フェードならアウトサイド・インと╱

球を打ちたいかを明確にしておくことです。これができると、どこにボールを打ち出すか意識するようになります。ドローなら右に、フェードなら左に打ち出す。クラブ目線でショットを考えるようになるのです。

　その延長でドローを打ちたければインサイド・アウト、フェードが打ちたければアウトサイド・イン、というようにイメージするべきスイング軌道も変わってきます。ストレートが打ちたければインサイド・インになるかもしれません。

　スイング軌道は、"はじめにありき"ではありません。どんなボールを打ちたいかによって、その都度変わるのです。

＼いうようにです。ラウンドでは自分のスイング軌道に固執せず、状況に合わせて打ちたいボールをイメージし、そこからスイングをアジャストすることが求められます

スライサーはアウトに上げてインから下ろす

スイングで重要なのはスクエアインパクトすることですが、実現するにはフェースローテーションが不可欠です。

この事実を踏まえると正しい方法はただひとつ。フェースを開いて下ろすことですが、これまで腕を振ってこなかった人にとっては勇気がいります。

そこで提案です。**やりづらい人は、テークバックでヘッドを思いきりアウトサイドへ上げましょう。**その際、クラブを引くように動かすこと。重いヘッドを地面に残し、第一振り子のグリップ支点を右に移動させながら、フェースを閉じ気味（ややシャット）にして上げるのです。

アウトサイドに上げると、ダウンスイングがインサイドから下りやすくなります。また、フェースを閉じてバックスイングしたら、ダウンスイングでは絶対にフェースを開かねばなりません。さらに、インパクトに向かってフェースを閉じなければいけないのでフェースターンが促されます。**要は、"右回り"のイメージで振ればいいのです。**

一方、ボールがつかまりづらいプレーヤーがつかまえようとすると、クラブヘッドを上から入れようとします。するとダウンスイングで手元や右肩が前に出て、ヘッドがアウトから入りやすくなります。手首のリリースも早くなるので、なかなかインサイドからクラブを下ろせません。

程度の差こそあれ、プロでもこのようになることがあります。アベレージゴルファーの方とは違ってきわめて微妙なズレですが、やはりヘッドがアウトサイドから入るのです。

これを矯正するために役立つイメージが、ダウンスイングでクラブを思いきり寝かせることです。クラブを寝かせるとヘッドが垂れて振り遅れたり、下からあおり打つと思う人がいますが、そもそも体は前傾しています。いくらクラブを寝かせたところで、手首に支点が確保されていればヘッドが垂れることなどありません。

クラブを寝かせるイメージがあると、トップから手を真下に下ろせます。手が前に出ないので、必然的にクラブがインサイドから下りてくる。開いたフェースを躊躇なくターンさせることができます。

体の右サイドでクラブを右回りさせる

体の右サイドで"右回り"のイメージでクラブを動かすことで、クラブに生かされるスイングになっていきます

クラブを引くようにしてヘッドを思いきりアウトサイドへ上げます。犬の散歩の要領でヘッドを地面に残し、第一振り子のグリップ支点を右に移動させながらフェースを閉じ気味に上げます

アウトサイドに上げることで、インサイドからダウンスイングしやすくなります。さらにダウンスイングからインパクトの過程ではフェースを閉じますが、その際のフェースターンも促されます

打つ前にハンド・アイ・コーディネーションで芝を擦る！

ラウンドで結果を出せない人の共通項として挙げられることに準備不足があります。とりわけプレショット（ショットを打つ前）の準備が足りません。

「ハンド・アイ・コーディネーション」をご存知でしょうか。手で何かの作業をするときに、目で見ることで空間を認識し両者の連動で作業をスムーズに進めること。目と手の共同作業と考えていただければいいでしょう。

ハンド・アイ・コーディネーションが高いレベルでできる人は、動体視力や瞬間視力に優れていますが、逆もまた真なりで、これを心がけることで動体視力や瞬間視力がアップし、脳から手に向かって素早く指令を送れるようにもなります。

ゴルフクラブでボールを打つ際にもハンド・アイ・コーディネーションが欠かせませんが、その重要な糸口になるのが素振りで芝を擦ることです。

打つ前に素振りをするアベレージゴルファーは多いですが、僕が見る限り、大半の方は何となくやっています。また、ダフったり、空中を振ってから本番に臨む人も多い。これらはどれも意味がありません。「素振りはいいのに……」などとよく聞きますが、現実にはちゃんと素振りをできていない人が圧倒的に多いといえます。

ラウンドでは練習場のように平らなライはありませんから、ハンド・アイ・コーディネーションを意識して芝を擦る素振りが絶対に必要です。

「イケる」のバロメーターが50%を超えてから打つ

できれば自分で「このショットはイケる」と思えるまでは打たないほうがベターです。ジャック・ニクラウスは、打つ前に脳内でナイスショットがビデオ再生されるまではスイングをはじめなかったといいます。

スロープレーを肯定するつもりはありませんが、100くらい打つ人は大抵何も考えないか、「イケる」と思う前に打ってしまいます。「ミスするかも…」と思ったまま打ってしまう人も多いでしょう。それでミスショットが出れば、ある意味イメージ通り。自分で自分をミスする方向に導いているともいえます。結果的にミスが増えるとプレーに時間がかかる。こうして悪循環がはじまり抜け出せなくなるのです。

ですから、**せめて、「イケる」のバロメーターが50%を超えてから打ってほしい。**同伴競技者のプレー中に準備をしておければスロープレーにはなりませんから、慌てることはありません。ハンド・アイ・コーディネーションの素振りで芝を擦り、ゴーサイン

を出す時間もマネジメントしましょう。

　準備の中にはラウンド前の情報収集もありますが、細かい情報はいりません。スタート前に時間があったら、風向きの傾向やグリーンの硬さ、速さ、芝目について聞いておく程度でいいでしょう。

　むしろ頭に入れておくべきは、ラウンドするコースの難易度が今の自分にとって高いのか低いのか。スコアはコースの難易度や天候によって大きく変わります。それらを考慮せずにストローク数だけで判断すると、ラウンド中にモチベーションが下がりますし、最終的に自分のプレーを正しく評価できません。

目と手の共同作業「ハンド・アイ・コーディネーション」

スイングに限らず、手で何かの作業をする場合に目で見て空間を認識、両者の連動を図るのがハンド・アイ・コーディネーション。これを心がけることで動体視力や瞬間視力がアップし、脳から手に向かって素早く指令を送れるようにもなります。ボールを打つ際に重要なのは、ハンド・アイ・コーディネーションで素振りをして芝を擦ることです

スイングリズムは素振りで出す

スイングではリズムが大切です。リズムよく振れれば、大きなミスが出る確率は低くなります。逆にいえば、調子が悪いときは、多かれ少なかれ確実にリズムが崩れています。

プロはそれを知っていますから、ライが悪い、風の影響があったなど、外的要因とは関係なくイメージと違うショットが出たときは、いの一番にリズムをチェックします。

あなたにまだ、「これが自分のリズム」といい切れるものがなくても、**実戦でミスが出たらまずリズムを整えましょう。**

多くのアベレージゴルファーは、切り返しでクラブを押して急にリズムが速くなる傾向があります。バックスイングの速さにかかわらず、切り返しで力が入って急に速くなり、インパクトで力感が足りなくなってヘッドが減速します。

もっとも大きな原因は、ボールにフェースを当てにいくことです。こうなる人の多くは、素振りでは思い切りよくビュン！ と振れるのに、ボールを前にすると同じように振れなくなります。これはボールに対して当てにいっているあかしです。

リズムが悪いと思ったら、素振りでリズムを整えましょう。引いて引くを思い出し、ボールを意識せずに振れる状態でクラブを振り、そのリズムのまま打つようにするのです。

目をつむって素振りをするのも効果的ですが、いずれにしても素振りから間を置きすぎるとリズム感を失うので、**8秒以内で打つようにしましょう。**筋肉が動きを覚えていられるのは、それくらいの間だそうです。

また、**ボールを打つときは、インパクトをゾーンで考えましょう。**いくら素振りでリズムを出しても、アドレスでボールを点と意識した時点で、当てにいくリズムになってしまいます。ボールの先のターフをとるようゾーンでインパクトするイメージをもてれば、ヘッドスピードの減速を防げます。

テークバックやトップなど、スイングのポジションごとの形を気にする人も多いですが、それをやると本来のスイングリズムが途切れやすくなります。チェックするのはかまいませんが、最終的には必ずリズムを整えること。特にラウンド中はこれを忘れないようにしましょう。

リズムはスイングによって作られる、という一面があります。正しく振れれば、それがあなたにとっていいリズムになるということです。リズム（のようなもの）ありきで、それにスイングをあてはめるよりは、素振りでリズムを作っていくほうが実戦に役立ちます。

実戦でミスしたらまずはリズムを整える

アベレージゴルファーの多くは、切り返しでリズムが急激に速くなる傾向があります。とはいえボールを当てにいくので、インパクトに向かってヘッドスピードは減速します。同じスピードで振り抜けないのです。この傾向に限らず一定のリズムで振り抜くには、素振りでリズムを整えましょう。打つ前にビュンビュン振り、そのリズムのまま打つようにしましょう

おわりに

スイングの見た目はいろいろ。美しいと感じるスイングもあれば、個性的に見えるスイングもありますが、ある程度ボールをコントロールできれば、そのどれもが正解です。本編でも述べたように、見た目はどうあれ、ダウンスイングからインパクトに至るクラブの動き方が理にかなっていれば、クラブがプレーンに乗ってボールにコンタクトできるからです。

そうなれるか、なれないかの分かれ目になるのは、ひとえにゴルファーにクラブの意識があるかどうか。クラブの意識があるほうが上手くいきやすいことは、もはやいうまでもありません。

人間の意識にはインターナルフォーカスとエクスターナルフォーカスというのがあります。前者は内的意識、後者は外的意識です。

ゴルフスイングを作ろうとする場合、ほとんどの人はインターナルフォーカスで考えます。「ヒジを曲げる」「腰を回す」といったように、体の動かし方を考えたり、あるプロセスにおいて形を作ることに腐心します。また、自分でゴルフクラブの動きを積極的にコントロールしようとするのもインターナルフォーカスの働きで、結果的にクラブを牛耳る格好になっていきます。

もちろんインターナルフォーカスが不要ということではありません。しかし、ゴルフスイングにはクラブという一種独特な道具が介在します。そんな物体を扱う以上、インターナルフォーカスだけでは賄えない。エクスターナルフォーカスを動員する、すなわちクラブを意識してこそスイングはスムーズに習得できるのです。

本編をお読みいただいた方はそれについて、少なくとも考え方のレベルでは転換していただけたと思います。これまでに新しいことを取り入れたり、スイングレッスンを受けて気づけたことがあっても、その場ではできたのに持続せず、あっという間に元に戻ってしまったことがあると思います。それは「アドレスやテークバックやバックスイングをこうすればこういうボールが打てる」とインターナルフォーカスで考えていたからです。

発想の転換がなされた今、みなさんはプロと同じように、「こういうボールが打ちたいからクラブがこう動き、こういうスイングになる」と考えるようになったはず。意図したことを行動に移す、というゴルフ本来の姿に回帰できていると思います。

これができていれば、多少人と違って見えるからといってスイングを直す必要はありません。どうか自信をもってクラブを振ってください。

　そもそも、スイングはゴルフのほんの一部分にしかすぎません。スイングの習得に必要な原理原則となると、そのまた一部分でしかない。本当にちっぽけでシンプルなことなのに、アベレージゴルファーの多くはそこで、「ゴルフは難しい」と感じてしまう。これは本当にナンセンスで、不幸なことだと私は思います。

　ゴルフの面白さ、そして本当の難しさはそのはるか先にあります。私が心の底からみなさんに知っていただきたいのは、そこに広がっている世界。だからこそスイング（＝クラブの使い方）などさっさと身につけて、その世界に足を踏み入れてほしいのです。

　ベン・ホーガンは自著『モダン・ゴルフ』の中で、"正しい動きでスイングできていれば、アベレージゴルファーでも70台で回れるはずだ"と書いています。まさにその通りだと思います。今度はみなさんがホーガンの言葉を立証する番です。心より健闘をお祈りします。最後までお付き合いいただき、ありがとうございました。

森 守洋

【著者】

森 守洋 (もり もりひろ)

1977年生まれ。静岡県出身。高校時代にゴルフを始める。95年に渡米し、サンディエゴにてミニツアーを転戦しながら腕を磨く。帰国後、陳清波プロに師事し、ダウンブロー打法を学ぶ。現在は、東京都三鷹市で「東京ゴルフスタジオ」(http://tokyo-gs.com/)を主宰し、香妻陣一朗プロ、原江里菜プロ、堀琴音プロら複数のツアープロコーチを務め、多くのアマチュアの指導にもあたっている。
著書に『森守洋流ラウンドレッスンで教えている成功の法則』『ゴルフ 森 守洋「正しいスイング」はクラブが主役』『写真でわかる森守洋流 新しいゴルフの基本』(以上、主婦の友社)、『結果が出るゴルファーの共通点』『ゴルフ 誰もいわなかったプロのスイングになる極意』『誰も教えてくれなかった ゴルフクラブ最強の使い方』(以上、河出書房新社)、『ゴルフ「勘違い」に気付けば100を切れる!』『ゴルフ【苦手】を【得意】に変えるパッティング』『ゴルフ【苦手】を【得意】に変えるショートゲーム』(以上、池田書店)、『9割のゴルファーが知らない90台が出るスイング』(学研プラス)、『ゴルフ プロのダウンブロー最新理論』(青春出版社)など多数。

【STAFF】
構成／岸 和也
写真／圓岡紀夫
動画／栗原 彬
イラスト／鈴木真紀夫
装丁・本文デザイン・DTP／清水洋子
協力／T&T東京ゴルフスタジオ
　　　都ゴルフ倶楽部(山梨県)
編集／菊池企画
企画プロデュース／菊池 真
編集担当／佐々木亮虎(主婦の友社)

ゴルフスイングの原理原則

2024年1月10日　第1刷発行
2024年4月10日　第3刷発行

著　者　森 守洋 (もり もりひろ)
発行者　平野健一
発行所　株式会社主婦の友社
　　　　〒141-0021　東京都品川区上大崎3-1-1 目黒セントラルスクエア
　　　　電話 03-5280-7537 (内容・不良品等のお問い合わせ)　049-259-1236 (販売)
印刷所　大日本印刷株式会社
©Morihiro Mori 2023 Printed in Japan　ISBN978-4-07-456450-7

Ⓡ〈日本複製権センター委託出版物〉
本書を無断で複写複製(電子化を含む)することは、著作権法上の例外を除き、禁じられています。本書をコピーされる場合は、事前に公益社団法人日本複製権センター (JRRC) の許諾を受けてください。また本書を代行業者等の第三者に依頼してスキャンやデジタル化することは、たとえ個人や家庭内での利用であっても一切認められておりません。
JRRC〈https://jrrc.or.jp　eメール:jrrc_info@jrrc.or.jp　電話：03-6809-1281〉

●本のご注文は、お近くの書店または主婦の友社コールセンター (電話0120-916-892) まで。
※お問い合わせ受付時間　月〜金(祝日を除く)　10:00〜16:00
※個人のお客さまからのよくある質問のご案内　https://shufunotomo.co.jp/faq/